LIBRO DE LOS PAISAJES

Luis Ramoneda

RAMONEDA MOLINS, Luis, *Libro de los paisajes*, Presebtación de Javier de Barraca Mairal , Edición al cuidado de Germán Rueda, Ideas y Libros ediciones, Madrid, 2024, 118 pp. 16 X 16 cm.

Papel: ISBN - 978-84-17892-77-7   EAN EN PAPEL: 9788417892777

Digital: ISBN - 978-84-17892-78-4   EAN DIGITAL: 9788417892784

Depósito legal: M-22626-2024

Una vez superados los gastos de producción, los derechos de autor correspondientes a este libro serán donados a *Cáritas*.

Ideasylibros.ed@gmail.com https://ideasylibrosediciones.blogspot.com/

VENTA

PAPEL: Los canales habituales en España y el resto del mundo. Además:

Argentina * MANDRAKE https://www.mandrakelibros.com.ar * OZONUM Mercado Libre - Argentina https://listado.mercadolibre.com.ar/

Colombia * LEMOINE EDITORES SAS www.librosyeditores.com * BIBLIOSTORE Colombia - Mercado Libre https://listado.mercadolibre.com.co/ * LIBRERIA DE LA U www.libreriadelau.com

Chile *BIBLIOSTORE CHILE - Mercado Libre https://www.mercadolibre.cl/

Ecuador * POWER STORE BOOKS www.powerstorebooks.com * THE BOOKS LINK www.thebookslink.com

Méjico * BIBLIOSTORE México-Mercado Libre https://www.mercadolibre.com.mx/ * LibreríasGANDHI www.gandhi.com.mx/ * Librerías GONWIL www.gonvill.com.mx

Perú * ALEPH IBD (Mercado Libre) https://listado.mercadolibre.com.pe/ * Librería SBS https://www.sbs.com.pe

Uruguay * MERCADOLIBROS.uy (Mercado-Libre-Uruguay) https://mercadolibros.uy/ * PALACIO DEL LIBRO S.A. www.libreriapocho.com.uy

DIGITAL: LA CASA DEL LIBRO y otras plataformas.. **España**, TAGUS BOOKS http://www.tagusbooks.com/ TODOS TUS LIBROS/ CEGAL www.cegal.es AGAPEA FACTORY www.agapea.com **Canarias.** LIBRO TÉCNICO, Librería http://www.ellibrotecnico.com / UNICORNIO, Librería http://www.unicornioweb.com **Colombia**, LIBRERÍA NACIONAL www.librerianacional.com **Méjico**, LA VENTANA, Libreria https://laventanalibreria.com/ CASA DEL LIBRO, La Casa del Libro México Méjico, EDUCAL, http://www.educal.com.mx/LIBRERÍA DEL SOTANO, SA DE CV www.elsotano.com **Nicaragua**, LITERATO http://www.ebooks-literato.com.ni/

A la memoria de Pedro Antonio Urbina

LIBRO DE LOS PAISAJES

mi vida a la hermosura
rindió sus libertades
(Pedro Calderón de la Barca)

También yo soy paisaje…
(Mario Quintana)

ÍNDICE

PRESENTACIÓN

Javier Barraca Mairal

Profesor titular de Filosofía (URJC) y escritor

¿Qué decir de un libro que no diga ya él mismo de sí? Poco, necesariamente. Delante del libro, se abre un instante de silencio. Ese silencio es el que reivindica el primer párrafo de esta mínima presentación. Ello, sin contestar el honroso oficio del crítico, que sirve y acompaña a lo escrito con su criterio, y que, como aquí, a veces también desempeña el autor.

Pero, a pesar de lo enunciado, yo no puedo callar. No, no puedo hacerlo cuando en el pórtico de este poemario reconozco una señal: la del nombre luminoso del maestro, cuyo aliento regresa vivo hasta mí. Hablo de Pedro Antonio Urbina, nuestro común amigo, común no solo con el autor, Luis Ramoneda, sino con tantas almas de escritores y compañeros. Cómo me gustaría escuchar la voz de Pedro Antonio, hoy, ante estos versos. Esto, no por pura melancolía, sino por estar convencido de que en ellos resuena algo de él. Para empezar, ya en el prólogo y título de la primera composición, "Belleza que nos dice otra Belleza", se hace oír el eco de su *Philokalía* y de algunos de sus cantos.

En todo caso, hay una piedra de toque, angular, de la poesía en clave de autenticidad. Sobre ella, se ha construido esta obra. Es la de estar hecha con la materia o arcilla de la vida, de la impresión personal, de la "vivencia", como diría la fenomenología. No nos mienten estos poemas. Su letra y cadencia brindan la mejor prueba:

cuando aún es invierno y arde el frío.

Paradójicamente, esta es una poesía "importante" por su no darse importancia a sí misma:

Canto de gratitud casi callada,/
por tanta belleza que no se da importancia,

Fluye, con arte y naturalidad al tiempo, como un arroyo tranquilo, sin egotismos ni estridencias. Cada verso nos descubre algo de la interioridad de Ramoneda, en un pausado ritmo; nos la hace accesible a través de la descripción del paisaje, sin por ello caer en protagonismos. El protagonismo siempre se cede, se otorga a otros:

pintar la ciudad en las agua
del Júcar y del Huécar;

pisar donde pisaron los que fueron; etc.

Robledales, pinos, senderos, pájaros, la nieve…, todos estos seres habitan las páginas que glosamos. Lo hacen con una ternura y una quietud meditativas. No pueblan estas líneas tempestades, graves conflictos, sonoros festejos. Pero la persona, y el valor único de la amistad, están en su centro, sutilmente, rodeadas de una naturaleza que asombra en silencio. La intimidad de Ramoneda se hace parte del paisaje exterior, se une a este líricamente, sin fusionarse con él. El poeta vive "contemplativamente":

Durante un buen rato, ni el pájaro ni yo nos movemos. A él, lo detiene el tibio rayo; a mí, tanta belleza y el silencio absoluto de la nieve.

He aquí, en fin, algunos de los rasgos de estos versos que, con mansedumbre, se rinden ante las cosas bellas y su cercanía o proximidad; pero que únicamente se arrodillan frente a la Belleza con mayúsculas, la que se muestra solo en parte a través de sus huellas. A esa Belleza, que alimenta todas las demás, está en el fondo consagrada esta escritura que, desplegada como una oración, no grita ni retumba, sino que se eleva despacio, cual las volutas del humo, en un sereno acto de gratitud.

PRÓLOGO

BELLEZA QUE NOS DICE OTRA BELLEZA

Será la luz de otoño quebradiza,

será Jorge Manrique

que llama, una y otra vez, a mi puerta,

o quizá Mozart, Bach o Palestrina…

Y fueron los hayedos de la infancia

y aquella lluvia fría

—diciembre en el Pórtico de la Gloria—;

y descubrir la vida en una cuna

con su mantita azul,

un doce de febrero inolvidable;

y dos tardes a solas con Vermeer

en un rincón del Prado…

Son las voces amadas que atesoro,

tantas calles y casas compartidas,

y el fuego del hogar que aún nos quema

y el puntual regreso de la nieve.

CASTILLA ES UN MAR QUIETO

POEMAS SERRANOS

SEGOVIA DESDE LA MUJER MUERTA

Bajo las nubes altas,

la luz de la tarde es ya un remanso;

y una espiga lejana,

la aguja de la catedral.

LA NAJARRA (MIRAFLORES DE LA SIERRA)

Esa quietud en el robledal después de la lluvia,

ese cielo de estaño donde se esconde la nieve,

esos árboles de cobre que rodean los prados

y los caminitos que pisan las hojas caducas...

PUERTO DEL REVENTÓN

En el valle apacible,

sendas del robledal entre la niebla,

los fuegos del otoño

y los tenues tañidos solidarios…

En el paso vetusto,

mansedumbre de los primeros copos:

la tarde son preguntas esenciales.

Puerto de La Morcuera

Cae el agua de la fuente,

sola allá en el hontanar.

Cae el agua de la fuente,

sola allá en el peñascal:

nunca deja la canción,

largo poema hasta el mar.

MARZO EN EL VALLE DE LOZOYA

Cercas de piedra enmudecida y rota,

la quietud de los prados, los caminos,

invierno en el robledal todavía…

Canto de gratitud casi callada,

por tanta belleza que no se da importancia,

pero nos va calando como la lluvia lenta,

hoy y ayer y mañana poco a poco…

ABRIL

Hay nieve todavía en Peñalara,

abril en los pinares del Paular,

las hogueras festivas del acebo,

yeguadas indomables los torrentes,

rumiantes encinas de las dehesas...

INVIERNO EN EL VALLE DEL TIÉTAR

No suele nevar en el valle del Tiétar. Protegido por las estribaciones de Gredos, tiene un aire casi mediterráneo, con pinos de copa ancha, con cipreses, castaños, higueras, naranjos, hortensias, chumberas..., que casi nos hacen olvidar que estamos en Ávila. Esta noche, me ha desvelado por unos instantes una quietud que parecía absoluta. Al levantarme, he comprendido la causa: el valle ha amanecido cubierto por una gruesa capa blanca. La esencia de la nieve es el silencio, nada se mueve, solo la lentitud ingrávida de los copos al caer. Su peso en las ramas de los árboles los abate como fruta madura. Es domingo, temprano, nadie ha hollado todavía los caminos. Podría pasar horas contemplando la solemne llegada de los copos y la quietud que nos envuelve. Me sucede lo mismo ante el fuego del hogar. Un mirlo ha volado y ha dejado su mínima huella en el camino entre los tilos, como una nota solitaria en la hoja en blanco, como testigo de un instante. Subo al piso más alto de la casa, contemplo los pinos del valle a mis pies: parece un extenso jaral florido. Más tarde, ha salido el sol, qué filigranas de la luz —brillante como oro—, en las cortinas de nieve que, de cuando en cuando, se desploman de las ramas que no pueden aguantar el peso. Salgo al jardín, casi me duele hollar la nieve y mancillarla. El mirlo se ha posado en lo más alto de un ciprés, donde apunta el sol. Durante un buen rato, ni el pájaro ni yo nos movemos. A él, lo detiene el tibio rayo; a mí, tanta belleza y el silencio absoluto de la nieve.

POR CASTILLA...

CUENCA

Ser álamo, chopo, aliso en las hoces,

pintar la ciudad en las aguas

del Júcar y del Huécar,

o ser música que asciende

del órgano de piedra.

ÁVILA

La longeva ciudad de los anillos:

Gredos, la Paramera, la Serrota,

y las murallas y los cielos fríos

y el lento tiritar de las campanas…

Sigue golpeándome aquel silencio

de una noche lejana entre tus calles,

roto por los pasos que nunca supe

si eran aún o ya habían sido.

V CENTENARIO (MARZO DE 2015)

En Alba junto al Tormes cadencioso,

un templo teresiano inacabado,

como un soto de piedra al cielo abierto,

muy cerca del sepulcro de la santa.

Dejadlo así y que nadie lo remate,

es camino hacia la última morada.

29 DE DICIEMBRE DE 2015

Madrigal de las Altas Torres,

el más bello topónimo

de las tierras de Castilla…

La parda luz de diciembre

tal vez nos hable de otros tiempos,

mientras llama a la oración

la campana del convento,

reclamo de eternidades

sin ayer y sin hoy y sin mañana…;

pero nos estremece todavía

pisar done pisaron los que fueron.

CIMBORRIOS DEL DUERO

Zamora del silencio,

tapiz de piedra

que cae sobre el Duero…

Ciudad docta de oros viejos,

Salamanca,

trigal de Villamayor,

quién tuviera la plácida memoria

del bajo Tormes.

Toro, espadaña y pórtico del Duero.

EN TREN

I Tierra de Campos

Trigal, chopo y un camino,

el plano y la vertical,

dos dimensiones desnudas,

visión de lo esencial.

Parece que aquí el pasado es presente,

orillas del río Carrión,

Tierra de Campos metafísica.

II. Pajares

Rebaños de retama en flor,

la niebla gatea en los prados,

la soledad en los riscos

y el tren que lento pasa.

URBIÓN

El verde más oscuro de los pinos,

el verde más claro de las hayas

y el negro medallón de la laguna;

más arriba, el silencio,

la más exigua flor,

y Urbión, solitaria nube de piedra:

dejadme morir a orillas del Duero.

PARQUE DEL OESTE
(otoños madrileños)

(Ya llegan los colores del otoño,

pálidos verdes, amarillos, ocres,

bajo esa luz dorada, huidiza,

que nos define el paso de los días.)

I

En la arboleda, lentas campanadas

de amarillos fuegos.

Sobre los veriles adormecidos,

el ablentar de álamos cansados...:

un estribillo de oro golpea mis espaldas,

una llamarada de oboes migratorios

que me trajo el aire.

II

A mi jardín de otoño,

los oros van y vienen.

Mediodía,

tersura de los fuegos,

suena un arpa en la alameda,

arde la brisa,

el tiempo se estremece.

III

Música de estreno,

lluvia de hojas primerizas

para un vuelo de silencios,

y, marchito en los senderos,

el rostro fatigado del olvido.

IV

No vive la música sin el tiempo

ni se llega a los labios sin el vuelo.

Las veredas por el otoño heridas

elegías son que lo eterno esperan:

suena el canto final, la última llama,

que nos dejará los áridos días

y vivo el silencio como los trinos.

V

Un fuego leonado,

cautivo entre los últimos verdores

de tu jardín de otoño:

la llama que huye, que busca, que estalla….,

alfarera de amarillos crecientes.

VI

En la mañana de noviembre, el frío,

en esta sombra de tu muerte, el frío,

y el mismo dolor de cuando te fuiste.

Aquel dolor que se llevó mis sueños

y que acude a la cita, año tras año,

al llegar puntuales las heladas…

Dolor que se ha ido llenando de rostros,

de tantos nombres que quise querer,

por esto el frío va siendo ya el dueño,

bordón en que se apoya la fatiga

y me asomo a este mundo doliente.

VII

En el soto cobrizo,

se ha dormido mi abedul de nieve,

un gorrión tirita en la ventana,

embiste la niebla un rayo lento,

corona de oro viejo los jardines:

silencio de la escarcha,

como el gorrión, tirito y espero.

VIII

Otoño,

la luz en la alameda,

un pájaro canta

antes de partir

hacia el exilio.

IX

Otoño,

pasear por las páginas

de un libro viejo,

y releer

versos de la luz

en las arboledas.

X

Silencio, otoño,

ofrenda de la luz

en la chopera.

Exilio, otoño,

huida de la luz

hacia otra luz más pura.

SIERRA POBRE
(Guadalajara)

Valverde de los Arroyos

Se desmadeja el agua

con las crines de plata,

Ocejón de gayuba

y caminos de lajas.

MAJAELRAYO

Atardecer de un sábado de un noviembre cálido y seco. Desde las laderas desnudas del Campachuelo, flageladas por los vientos, el valle tiene unos tonos de cobre antiguo. El amarillo pajizo de los prados y el verde aún cálido de la gayuba y de la jara contrastan con los colores dorados y rojizos de las masas isleñas de robles, prietas como rebaños, lustradas por el roce de los rayos de poniente. Por un camino ancho, de un gris brillante y pizarroso, me detengo a contemplar desde lo alto las casas oscuras de Majaelrayo, rodeadas por las llamas del otoño, como si el pueblo ardiera en un ancestral sacrificio. La quietud del aire, la luz en despedida, el silencio...: todo se detiene a la vez que pasa.

EL PASO DE LAS PALOMAS

ROMANCE DE LA NIEVE NIÑA

Nieve niña, nieve niña,

de invierno la dulce flor,

en los caminos escribes

despacio tu blanca voz.

Tu sueño la noche alumbra,

y el día viste de sol.

Nieve niña, nieve niña,

de invierno la dulce flor.

Febrero traerá calores,

tu estela se marchitó:

¡suave muerte en viva siembra,

abril será un ruiseñor!

Nieve niña, nieve niña,

de invierno la dulce flor.

Tú tienes el paraíso

en altivo farallón,

las cumbres y los neveros

nidal de tu corazón.

Nieve niña, nieve niña,

de invierno la dulce flor.

Venas de sangre viajera,

tus sendas de caballón;

los hielos de los alcores,

en la mar espumas son.

Nieve niña, nieve niña,

de enero la dulce flor.

EN LAS AFUERAS

Nace una flor roja en el talud,

reto de la luz entre la grama,

señuelo de la sangre,

hontanar de la acequia.

Su manantial es muy efímero,

anclado en nuestros ojos,

cuando se nos agoste,

vendremos a buscar

la flor roja, año tras año,

en el mísero talud de grama…

RIBERAS DEL JALÓN

Los frutales en flor

en la tarde esplendente,

rinconada risueña

entre riscos exangües,

trashumancia de las nieves de altura

hasta los bancales del manzanar:

cortinaje festivo

en cañada perdida.

¡Canta la tierra!,

tarde luminosa de ventisca enarbolada.

POR TERUEL

Camino de Camarena de la Sierra para subir al Javalambre, acompañado por tres buenos amigos montañeros, me conmovió, al llegar a La Puebla de Valverde, su vieja estación de tren, un poco apartada de la localidad: al lado del edificio, cerrado a cal y canto, con las paredes de un desteñido tono rosado, tres cipreses —no muy airosos— destacaban junto al andén. Era una mañana de abril nubosa y fría. Siempre me causan zozobra las estaciones abandonadas, como la de Navaleno, en Soria, o la de Sant Joan de las Abadessas, en Gerona, que recuerdo, entre otras, mientras escribo… El tono polvoriento y desvaído de la pequeña estación, que me recordó la de mi pueblo (¿cómo será hoy?), el andén vacío —¿seguirán pasando trenes entre Sagunto y Teruel?—, y los tres cipreses, como tres adustos viajeros que esperaran un convoy inexistente… Fue la huella de aquel día de abril nuboso y frío que tal vez el tiempo no logrará borrar.

SOMONTANO

Tarde gris de este invierno mortecino

donde ahora se cobija la quietud

y nada se estremece en el paisaje

sin figuras, que mis ojos observan.

Hace años aquí ya vieron lo mismo:

las peñas, el sendero, el almendral

y el sardón del romero y el tomillo…

INSTANTE I (NAVALAGAMELLA)

Pasta un caballo en la dehesa,

sauce rojizo

en la grisura del invierno,

ascua de vida

en la quietud del encinar…,

obertura de primavera.

INSTANTE II (NAVALAGAMELLA)

Atardecer en caminos de nadie,

surge del prado un vendaval de grullas,

como si, de golpe, un almendral

en el azul del cielo floreciera.

Después,

la rama de nieve se rompió

y volvió la tarde a su ser quieto.

INSTANTE III (CANENCIA)

El reto de la hierba en el erial,

abril doliente,

renacer de la vida entre penurias,

surge la flor

en las heridas…

INSTANTE IV (GREDOS)

Aún no,

en los chopos de las laderas

del alto Tormes en abril,

aún no,

pero la luz menguante de la tarde,

presagio de hojas renacidas…

INSTANTE V (PEÑAGOLOSA)

En un casar solitario,

nidal del cielo

sobre el hachazo profundo de un río,

un callejón por el que nadie pasa.

Junto a un portal sellado, florecían

seis bellísimos lirios muy azules:

doy fe.

INSTANTE VI

Tal vez haya otra medida,

no son las horas, los días,

tampoco las estaciones

de belleza trashumante,

ni la noria de los años...;

acaso una medida sin medida,

la única veraz y perdurable...

INSTANTE VII
(28-XI-2010, 8:55 h)

La falsa acacia acoge la belleza,

esquina madrileña de Bretón:

los tenues amarillos de sus hojas,

detrás un muro limpio del color

de un rubio atardecer sobre la arena.

INSTANTE VIII
(2011)

Llueve.

Me asomo al jardín de un amigo

y la tarde nos retribuye

con las rosadas flores de unos *prunus*.

(2012)

Vuelvo a tu casa, al jardín…,

pecorean nerviosas las abejas

en la seda rosada de los *prunus*:

un año que ya pasó,

otro año de avenencias y de ausencias…

INSTANTE IX

Se han ido las nieves de la altura,

su huella en la flor de las praderas.

INSTANTE X (SIERRA DE ESPADANS)

El cántico amarillo de la aliaga,

el sosegado aroma del romero;

en el viejo almendral, hojas nuevas

y el sol en el blancor de los cerezos:

vivir es ese andar en la belleza

y herirse en las heridas del que sufre,

con amor que no sabe decir basta.

INSTANTE XI

Una carretera secundaria,

una curva y de pronto

un cartel con un nombre olvidado…

El topónimo

descarga de golpe lo pasado,

recupera y condensa

hechos, personas, vida que fue,

con una intensidad que sobrecoge…:

¡y todo es a la vez tanto y tan poco!

INSTANTE XII
(12 de enero de 2013)

a Yoyes

Ahora el fuego del hogar ha vuelto,

rosetón en el tímpano del humo,

con llamas que recortan lo distante.

Más arriba el invierno de las hayas,

la quietud en espera de los brotes,

con rescoldos marchitos de noviembre…

Voz de la gratitud ese silencio.

INSTANTE XIII
(10 de noviembre de 2018)

Se fueron y nos iremos,

siempre nos quedará este otoño

con tonos tardíos de membrillo,

las nieves indecisas de noviembre

y la sangre de la hiedra en los muros,

mientras tiembla la luz en los hayedos.

INSTANTE XIV
Ortega Muñoz

Podría andar y perderme,

en la soledad de tus paisajes,

en la paleta esencial

de tus herrizas, rastrojos,

las besanas y caminos,

y en los fresnos desmochados,

que nos embisten como negros toros.

INSTANTE XV

Contemplo el atardecer,

belleza que se va,

en el albar del horizonte,

luz que era luz y ya no es luz,

dolor ante lo inasible,

amor,

como la música, como la palabra…,

pesar

por vivir siempre en un fue,

prisioneros del tiempo y de la muerte,

dolor:

¿dónde y cuándo la plenitud soñada?,

¿cuándo la vida sin lugar, sin tiempo?

INSTANTE XVI

Una flor rosada cae de un prunus,

ha cumplido su misión,

deja un eco de belleza

junto al oscuro muro enladrillado.

INSTANTE XVII
(25-XI-2018)

Tiembla la tarde

en los negrillos del jardín,

ya no es, ya nunca volverá,

pero ha sido y lo hemos visto.

LAS LAGUNAS (SIERRA MORENA)

a Nano González

Los leves oleajes del barbecho,

oscuros,

los pajizos rastrojos,

las encinas,

la alfalfa y la avena

—es muy gitana,

dice el guarda—,

en los sembrados…

¿Adónde van las palomas?

¿Adónde van las nubes de esta tarde,

pasajeras?

¿Adónde irá la niña solitaria,

que se aburre en el patio

del cortijo varado en la loma?

Todo nos habla

de una prosperidad menguante,

solo la encina, en un rincón,

permanece, hoy como ayer, intacta:

¿adónde fueron, adónde nos vamos?

LLUVIA EN EL PARQUE NATURAL DE HORNACHUELOS

El agua lazarilla de las nubes

en su andar por dehesas y caminos,

canción gris y monótono estribillo,

plateado bisturí de los barrancos.

ROMANCE DE LA ALFAGUARA

Camino de la Alfaguara,

¿adónde nos llevarás?:

entre los pinos me escondo

para las flores besar.

Pasa una brisa parlera,

va diciendo su cantar:

¡hacia el roquedal yo vuelo,

hasta la cruz de Alfacar!

Riscales de la Alfaguara,

¿sus nubes adónde irán?:

¡A las frías nieves vamos,

espumas de un alto mar!

Camino de la Alfaguara,

florido en mayo y galán,

junio traerá los soles,

que en julio te agostarán…

LA CASERÍA (GRANADA)

El sol en los umbrales de la nieve,

que envía a la ciudad y a sus confines

agua que peina huertos y jardines

y alumbra allá la Vega en sombras leve.

Restallan amarillos de retama

en el alto jardín a mediodía,

en tanto el quehacer del nuevo día

ya se esculpe amoroso como llama,

allá en los olivares plateados

o en el trajín de calles y de plazas

o en el frescor de patios sosegados...

En las tardes de junio luminosas,

dejad vuestras fatigas, contemplad

en el albero el canto de las rosas.

VERANO EN LAS TIERRAS ALTAS

para Josep R. M.

En la pradera de los abedules, juegan las golondrinas y la brisa. En alguna rama junto al sendero, pía invisible el camachuelo tímido. Más adelante, zumba el aleteo de unos tordos, como un pequeño motor. Arriba, otean el halcón y el aguilucho. En la ladera del norte, las hayas; en la del sur, los robles. Mi sobrino de trece años me habla con pasión de los pájaros. No olvidaré este paseo entre los abedules del prado alto, aunque pasen los días.

CERVERA

Donde nací crecen los trigos,

tierra enjuta,

que la flor de los almendros tímida

embellece hacia febrero;

y la sangre de amapolas, en abril.

Donde nacimos habitan las nieblas

y los hielos; donde nacimos,

los veranos son amarillentos...

Después,

buscamos el cobijo de las hayas,

pero quedó aquel rescoldo

de haber nacido en áridas llanuras,

con el trigo, la vid y los olivos.

LA CASA AZUL

a Toni

¿Te acuerdas?

Era un caserón pintado de azul,

tirando a violeta,

junto a la carretera montañosa

de la infancia…

Anteayer y tantos años después,

he vuelto a pasar por la carretera

serrana de la infancia,

y apenas reconocí la casa azul,

tirando a violeta:

la fachada blancuzca,

alabeadas puertas

y las ventanas rotas,

como lugar de nadie y de la nada…

Cuando me di cuenta,

volví la vista atrás:

fue como contemplar

mi propia calavera.

EL FUEGO DEL HOGAR

Boscaje de luz,

cipresal de luna,

clavel en la encina,

imán de las preguntas esenciales,

rubor de ceniza,

el vellón de tus manos sabias, madre.

LOS DÍAS FAREROS

DE GUARDIA EN EL HACHO DE CEUTA

El mar, eco de infinito,

ante el mar un hombre solo.

Nube, arboleda cambiante;

gaviotas, copos isleños,

hombre solo frente al mar,

mástil invernal, desnudo.

El mar, eco de infinito,

beso del más insatisfecho amante,

cincel del más insatisfecho artista;

y enfrente de este mar un hombre solo,

sediento, ansioso de azul,

remo y vela y almadía,

ya eco de infinito: hombremar, tú solo.

RÍA DE AROUSA (1987)

Ya viene,

de muy lejos, el agua;

ya viene,

con las brumas de plata.

Cuando se marcha,

lleva el sol, como el gozo,

entre redes, el agua:

porque, aquí,

el mar tiene la casa.

Van, vienen las gaviotas,

veleros en el aire;

pastorean las barcas,

trashumancia en el agua;

y regresan las olas,

peregrinos cansados:

porque, aquí,

el mar tiene la casa.

Una quilla rota,

lenta muerte varada:

llega mansa una ola

a lamer sus heridas…

El leño zarpará,

para ser tan solo agua:

porque, aquí,

el mar tiene su casa.

ATARDECER (RÍA DE AROUSA)

Arrebol de poniente,

rubores del agua;

arboledas de luto,

las olas varadas.

Éxtasis de la tarde,

cielo, agua, único espacio:

sombra de eternidad en este instante.

RUINAS DE BOELO

Y buscan las olas la ciudad que ya no existe,

vienen y van, las olas,

sobre aquella ciudad que ya no existe;

las nuevas olas viejas,

que nunca desesperan.

Han visto otras ciudades,

dejan en las conchas antiguas voces,

las remuerde el dolor de los naufragios

y envidian el reclamo de los faros:

anciano mar que nunca desespera.

RÍA DE AROUSA (2014)

Escribe la luz un verso en el agua,

espejo de celajes peregrinos…

En el jardín, junto al mar apacible,

unas rosaledas en flor aguardan

el fulgor de la llama vespertina.

MARE NOSTRUM I

Amanece,

trina un mirlo

en el jardín,

no veo al cantor,

nos basta su voz.

MARE NOSTRUM II

Algo querrá decirnos

la llama de tres cipreses

en la cima del pinar.

MARE NOSTRUM III

Jardín junto al mar de los antiguos:

los pinos doctos

con las juguetonas buganvillas,

el vuelo azul del jacarandá,

la sombra armoniosa de los tilos,

el tejo oscuro

con las palmeras,

eternos cipreses…:

y todo es y fue y casi no ha sido,

hoy como ayer,

enfrente del mar de los antiguos.

MARE NOSTRUM IV

No te acerques al jacarandá,

contémplalo, en junio, desde lejos

y pásmate.

MARE NOSTRUM V

Volver a las raíces,

toparse con los muertos,

reseguir desconchones

y mancharnos de tiempo,

pero la flor de los tilos,

hilo sutil que nos ata,

esparce aromas de miel como antaño.

LOS BOSQUES (MONTSENY)

Pinos que junto al mar buscáis reposo

tras conquistar los pórticos costeros;

serios cipreses que anunciáis severos

a los vivos el trance luctuoso.

Hogareños encinares que antaño

dabais calor al pobre peregrino;

y sabios robledales que al destino

desafiáis en lid con el castaño.

Hayas que de la luz sois celosía

o rosetón cuando el otoño os hiere;

álamos que dais rumbo al agua fría...

Cuando por los caminos mi alma quiere

buscar la paz que hoy hurta el ajetreo,

del bosque la lección mirar prefiere.

ASTURIAS

¿Qué nos dice la piedra sentada

de Santa María, San Miguel,

del "Conventín" o San Julián,

memoria labrada de los siglos,

entre cúmulos verdes y grises espesuras;

la lluvia y el sol y las mareas,

los prados, los brezos qué nos dicen?

Y el jardín donde conviven

el tejo con las tuyas y los tilos,

cedros, como pulpos del aire, azules,

con hayas, con castaños y cipreses;

y los magnolios risueños,

la palmera y el manzano…

Este jardín donde se pasean

los rosales junto al boj

y el aligustre laberínticos,

este jardín, tierra y paraíso,

que contemplo, ¿qué nos dice…?

PAISAJES CON FIGURAS

Cuando falleció mi padre, en enero de 2005, escribí la "Elegía de enero", publicada en mi poemario *Rosal en la niebla*. Cuando, cuatro años después, falleció mi madre, escribí el poema que sigue en catalán —mi hermana Gloria lo revisó y mejoró—, del que ofrezco también la versión en castellano.

SEGONA ELEGÍA DE GENER

a la memoria de la mare

"La mare es morta",

la frase ens ha caigut com una pedra,

com una campanada fosca,

avui, set de gener del dos mil nou,

avui.

Ara el fred retorna

i aquell foc

que només tu sabies encendre,

a la llar llunyana;

i els jerseis de bona llana,

fruits de les teves mans

—brancas del teu cor—

tan bonicas…

No sentirem mai mes la teva veu serena,

ni els teus consells

ni els teus silencis pacients…

Avui la casa s`ha quedat buida,

avui les neus del Montseny,

mare, et diuen "Adéu"

i ens quedem ben sols;

tenim fred, avui.

El tren viatja indiferent i rutinari,

s'està fent fosc,

"la mare es morta",

em diu sense parar la teva veu inesperada

de les quatre de la tarde:

"la mare es morta…"

Avui és el dia en el què realment

comencem a estar sols:

"la mare es morta",

mai tan poques paraules

havien pesat tant.

(**Segunda elegía de enero**: "Madre ha muerto", /
la frase nos aplasta como una losa, / como una
campanada oscura, / hoy, siete de enero de dos mil
nueve, / hoy. // Regresa el frío ahora / y aquel
fuego, / que solo tú sabías avivar, / en el hogar
lejano; / y los jerséis de cálida lana, / frutos de tus
manos / —vástagos de tu corazón—, / tan bellas…
// Ya nunca escucharemos tu voz serena / ni tus
consejos / ni tus silencios pacientes… // Hoy la casa
se ha quedado vacía, / hoy las nieves del Montseny,
/ madre, te dicen "Adiós" / y nos quedamos solos;
/ sentimos frío, hoy. // El tren avanza indiferente y
rutinario, / oscurece, / "madre ha muerto", / me
repite una y otra vez tu voz inesperada / de las
cuatro de la tarde: / "madre ha muerto…". // Hoy
es el día en que verdaderamente / comenzamos a
estar solos: / "madre ha muerto", / nunca tan pocas
palabras / habían pesado tanto.)

SEGUNDA ELEGÍA DE OCTUBRE

a la memoria de Wenceslao Barios González

Siempre el otoño resulta excesivo,

domingo siete de octubre,

mucho ha madrugado tu partida.

Lunes doloroso… El martes,

sol y leves nubes en el cielo palentino.

Ayer,

te rendí homenaje de gratitud

escuchando el *Réquiem* de Michael Haydn.

Hoy busco la luz

lejos de la calle que tu ausencia ha empobrecido:

un pesar tan seco como las peñas,

áspero como las jaras del camino,

me conduce por perfiles serranos,

mientras medito y recuerdo:

tu vivir esforzado,

tu bondad cotidiana,

el don de tu alegría…;

y son como estribillo las palabras

de quien te quiere, te querrá y te quiso:

"de sus viajes ya nunca volverá

ni sonará su voz en los teléfonos…"

De pronto, la luz del atardecer

quema un solitario chopo,

muy erguido en la vaguada remota,

y veo como tú al Crucificado

(nunca lo olvidaré: habitación 124,

tu penúltima morada, tu vendimia).

INVIERNO

A la memoria de mis padres

Siempre que vuelves al valle del Tiétar

en invierno,

te encuentras con la noche, las lechuzas

y el susurro de su reclamo oscuro.

Siempre que vuelves al valle del Tiétar

en invierno,

Luis Ramoneda

el insomnio te lleva a otro pinar,

donde los dos reposan tras la muerte,

cuando vuelves…, de noche y en invierno.

GRANADA

Todo sucedió en Granada,
la ciudad que carga con un cuajarón de sangre
(Antonio Hernández)

Volver a tu ciudad sin ti es sufrir,

enfrentarse de nuevo a la tragedia,

a la sombra que el tiempo no disipa

y duele aún…; y dolerá aunque no volviera.

Sin embargo, el agua de las fuentes sigue viva

y los trinos, como ecos de tu canto,

y los pétalos de nieve en las cumbres…

Pero cada vez que vuelvo a tu ciudad sin ti,

oigo ruido y llanto de tragedia, sangre y miedo.

Hará unos treinta años, cuando visité por primera vez la ciudad de Ronda desconocía tu existencia, Joaquín, filósofo y amigo. Trataba de imaginar, entonces, la estancia de Rilke en aquellos parajes de tonos lunares. Era en junio y tengo grabada en la memoria una esquina cerca del tajo con vistosas flores… Hubo un segundo breve paso por la ciudad, después de haber subido al Torrecilla con unos amigos, era invierno. Años más tarde, supe de tu muerte cruel e injusta casi a la par que la de tu amigo Federico, aunque esta vez los asesinos pertenecían al otro bando, ocurrió el 27 de agosto del 36. Tu segundo hijo no había nacido aún. Unas semanas más tarde, ya en septiembre, en otro extremo de España, orillas del Mediterráneo, asesinaron a mi abuelo materno y a un tío mío, el primogénito, a quienes no pude conocer más que en fotografías de color sepia y en las palabras —más bien susurros— de los mayores, cuando hablaban de la guerra… Cada vez que voy a Granada, me estremezco; a Ronda, no he vuelto a ir. Mi madre, como tu mujer, perdonó a los delatores de mi tío y de mi abuelo, no quiso saber sus nombres, para no odiarlos. Tu nombre te define,

Joaquín Amigo. Si de mi dependiera, dedicaría en los pueblos y ciudades de España una plaza a Federico García Lorca y a Joaquín Amigo, muy juntos.

16 DE ENERO DE 2011

I

Seis años sin ti,

picoteo viejas fotos

como un gorrión hambriento y aterido.

Bebo gratitud y nostalgia

y recuerdo los hayedos desnudos

y el silencio de los inviernos lejanos,

allá en en las tierras altas y los prados,

contigo.

II

Plaza de Santa Ana, barrio de los poetas,

aquella noche de noviembre

donde por última vez nos vimos,

antes de tu calvario de once años y seis meses.

Plaza de Santa Ana, barrio de los poetas,

con la vieja librería de mi amigo,

que ya no está; tampoco él...

Plaza de Santa Ana...

HISTORIA DE UN ESTADO CLANDESTINO

Te leo, Jan Karski,

bajo la sombra de unos plátanos

en un jardín cerca del mar.

Cantan mirlos, jilgueros

y zurean inquietas las palomas…

Te leo, Jan Karski,

y pienso que ahora,

en algún lugar,

habrá un inocente que sufra,

una persona perseguida,

alguien que tendrá miedo de otro alguien

y que estará acorralado y solo…

Te leo,

y pienso que, en algún lugar

—como entonces, Jan Karski, Eugenia Ginzburg,

Józef Czapski, Varlam Shalamov, Karl Jägerstätter,

Anna Ajmátova, Primo Levi, Tamara Petkévich,

lista interminable…–,

todavía el odio…

UN ZAPATO DE AUSCHWITZ
(Centro de Exposiciones Arte Canal Madrid, 21 de abril de 2018)

Miro este zapato de mujer y ningún otro,

un zapato que tiene nombre y apellidos,

zapato roto que nos interpela y nos grita

desde este reflector de los horrores,

este zapato ante el que solo el silencio cabe,

este zapato al que cercenaron el destino,

no hace mucho y no muy lejos,

este zapato, este zapato, este zapato,

la horma de un rostro asesinado,

este zapato que ahora aquí contemplo,

cucaracha de cuero pisoteada,

fósil del pavor para la memoria.

¿Sabía su destino el que cosió este zapato?

¿Sabía su destino el que vendió este zapato?

¿Sabía su destino la que calzó este zapato?

¿Sabía su destino este zapato?

(*no hace mucho y no muy lejos*)

EXAMEN DE CONCIENCIA

Miro atrás desde una cumbre,

ya bien andada la senda de la vida:

dolor y gratitud contemplo,

los dones despreciados,

personas que me amaron y que quise,

las heridas del tiempo y sus engaños,

demasiadas ausencias prolongadas.

Miro atrás desde una cumbre,

hay sangre en las trincheras

y escaso dolor por mis delitos;

se ha secado el pozo de las lágrimas:

miro atrás desde una cumbre y veo

sombras de luz en el valle de las nieblas.

EL PASEANTE

Vuelve al boj y a las hayas,

a las sendas de sombra,

cuando algunos ya no están…

Regresa a los antiguos lugares

que lo unen a los que quiere y quiso;

a los que lo quieren y quisieron…;

a los que pisaron

y a los que pisarán por donde pisa…

Vuelve

a los cordiales caminos cordales.

VALLE DEL TIÉTAR
(9-I-2019)

Vivir: la escucha atenta,

la brisa de poniente,

el ruiseñor, el mirlo, el camachuelo,

los vientos atigrados del pinar,

pisadas de la nieve silenciosas,

los rizos de la lluvia,

el reloj de las mareas.

Vivir: la escucha atenta,

las voces de los vivos y los muertos,

los otros

en el arte, los libros y la música,

la herida de los llantos…

Y siempre la Palabra

por quien todo se hizo,

aquella luz que aún sigue susurrándonos.

SANT MORI

Atardece en el Ampurdán,

fin de fiesta,

en la aldea, quietudes de antaño,

sombras de lo que fue,

hilo inquebrantable

con ayer, con hoy y con mañana.

EPÍLOGO

Ya todo es sed,

ansias de una música

que no nos duela,

la llegada puntual de las torcaces,

cuando aún es invierno y arde el frío.

Luis Ramoneda, Madrid, 28 de septiembre de 2024

Este libro se terminó de publicar en 2024

Vorwort

Begeistert von unserer ersten Fahrradreise entlang der Kurischen Nehrung, den wilden Ost-seestränden und durch die Wälder Kaliningrads im Herbst 2017, mussten wir eine zweite Tour weiter Richtung Norden unternehmen. Das Foto-Musik-Buch „Ostpreußen mit dem Fahrrad erleben – Von Danzig bis Nimmersatt" brauchte eine Fortsetzung mit neuen Erlebnissen, Informationen und Bildern über die faszinierenden Regionen und deren Musikprojekte.

Auch dieses Mal waren wir beeindruckt von der abwechslungsreichen Landschaft und den Klängen der Natur. Als Erinnerungen an diese Reise bleiben das erfrischende Ostseewasser im Spätsommer, die Seen mit den umliegenden abgeernteten Feldern, alte teils verlassene Herrenhäuser, verfallene Burgen und Gehöfte aus einer fernen Zeit sowie Wehranlagen des Zweiten Weltkriegs. Aber auch die vielen Nächte an den einsamen Ostseestränden bei La-gerfeuer und klarem Sternenhimmel, die Begegnungen mit den Menschen vor Ort und die unzähligen Sonnenauf- und untergänge, die diesmal noch spektakulärer waren als auf der ersten Reise. Anfangs sind wir dem Radwanderweg R1 gefolgt, haben uns dann aber auf eine eigene Tour entlang der Ostseeküste in Richtung Norden nach Tallinn begeben.

Mit diesem audiovisuellen Bildband möchten wir nicht nur unsere Erinnerungen teilen und andere Fahrradreisende oder Interessierte dazu anregen, den nördlichen Teil des Baltikums selbst zu entdecken, sondern Ihnen auch einen Teil der Welt näher bringen, in der die Zeit still zu stehen scheint.

Lassen Sie sich wieder mitnehmen auf eine neue Bilderreise im Einklang mit der Musik. Eine Reise entlang der Ostsee, den weiten Wäldern des Baltikums, alter Burgen und Gehöfte bis in das moderne Leben in die Metropolen Riga und Tallinn, den Hauptstädten Lettlands und Estlands.

Inspirierende Reisegrüße von
Gunnar Lentz und Leopold Lamberz

BILDER HÖREN
Inimene - Mari Jürjens

Tallinn **Tallinn S 128 - 131**

Keila **Keila**

Haapsalu **Haapsalu S 123 - 127**

Lihula S 114 - 121

**Romantische Küste
S 108 - 113**

Pärnu **Pärnu
S 100 - 107**

Estland

Kabli S 94 - 97

Ainaži S 88 - 93

**Salacgrīva
S 80 - 87**

Dunte S 70 - 75

**Saulkrasti
S 68 - 69**

**Jūrmala
S 37 - 39**

Riga **Riga S 44 - 65**

Lettland

**Jūrkalne
S 14 - 15**

Kuldīga

Tukum

**Pāvilosta
S 10 - 11**

**Kuldīga
S 20 - 25**

**Tukums
S 26 - 29**

Šķēde S 6 - 7

Liepāja S 4 - 5

3

LIEPAJA - KAROSTA

Am späten Nachmittag kamen wir mit der Fähre aus Travemünde in Liepāja an.
Liepāja ist ein alter Marinestützpunkt der sowjetischen Armee, der sich heute noch relativ grau und teilweise sehr verlassen zeigt. Aus einem kurischen Dorf an der Mündung der Lyva entstand der Hafenort Liwa, wo man Handel mit Fisch, Fleisch, Butter und Holz betrieb. Der unbefestigte Ort gehörte zum Staatsgebilde des Livländischen Ordens und wurde mehrmals von den Litauern angegriffen und niedergebrannt.

Kurz hinter der Stadt, in der Nähe von Karosta, stießen wir auf einen Feldweg, der uns von der Hauptstraße wieder an die Ostsee brachte. An der Steilküste trafen wir überraschend auf einen Reisenden aus Deutschland, der regelmäßig das Baltikums besucht. Begeistert von der noch erhaltenen Streuobstwiese genoss er das Obst und die Beeren, die er uns zum Kosten anbot. Plötzlich tauchte ein Fuchs aus dem Nichts auf und schnappte sich unser Brot samt zweier Tütensuppen.

Karosta war ursprünglich ein Stützpunkt der Russischen Ostseeflotte, aufgrund seiner ganzjährigen Eisfreiheit und der Nähe zur deutschen Grenze bei Nimmersatt. Viele Militärgebäude und Bunker entstanden ab 1890 unter Herrschaft von Zar Alexander III. und dessen Sohn Nikolai II., der den Stützpunkt „Hafen Alexanders des III." nannte.

Zu Beginn des 20. Jh. war Karosta ein russischer Militärstadtteil mit der größten orthodoxen Kirche Lettlands, eigener Post und Energieversorgung sowie einem gut ausgebauten Straßennetz. Angehörige der Sowjetischen Streitkräfte wurden oftmals besser versorgt als die lettische Bevölkerung. Auf Kartenmaterial waren sowohl Karosta als auch Liepāja aus Gründen der militärischen Sicherheit teilweise nicht verzeichnet.

SKEDE

Am nächsten Morgen ging es weiter auf Asphalt und Schotterstraßen, bis wir den Gedenkort Šķēde erreichten. Dieser Ort ist noch bis heute vielen Menschen durch das Massaker an den Juden Liepājas in Erinnerung geblieben.

Nach dem Hitler-Stalin-Pakt wurden Anfang 1940 15.000 Soldaten der Roten Armee in Liepāja stationiert. Am 14. und 15. Juni 1941 veranlasste Stalin die Deportationen von fast 2.000 Einwohnern nach Sibirien. Nach der Eroberung Liepājas durch deutsche Truppen im Juni 1941 war die Stadt bis zum 9. Mai 1945 von der deutschen Wehrmacht besetzt. Sie brachte die meisten der über 7.000 jüdischen Einwohner bei den Massakern in Šķēde durch Geiselerschießungen um. Zwischen dem 15. bis 17. Dezember 1941 starben dort 2.749 jüdische Männer, Frauen und Kinder.

Heute erinnert diese größte Gedenkstätte des Holocausts in Lettland auch an die Ermordung der Romas, Kommunisten sowie der geistig und körperlich Kranken durch die Einsatzgruppen und den Sicherheitsdienst. Die Gedenkstätte hat die Form des nationalen Symbols Israels - die Menora oder besser bekannt als der siebenarmige Leuchter. Die Konturen dessen kann man wahrscheinlich besser aus der Vogelperspektive wahrnehmen als auf ebener Erde.

Die Konturen des Monuments wurden aus gespaltenen Feldsteinen und Granitblöcken errichtet. Die Leuchter selbst haben geprägte Inschriften mit Versen aus dem Klagelied auf Hebräisch, Englisch, Lettisch und Russisch. Eine Allee der Gerechten erinnert an die Letten und Russen, die Juden in der Besatzungszeit halfen. Daneben befindet sich ein Denkmal für die gefallenen Soldaten im Zweiten Weltkrieg.

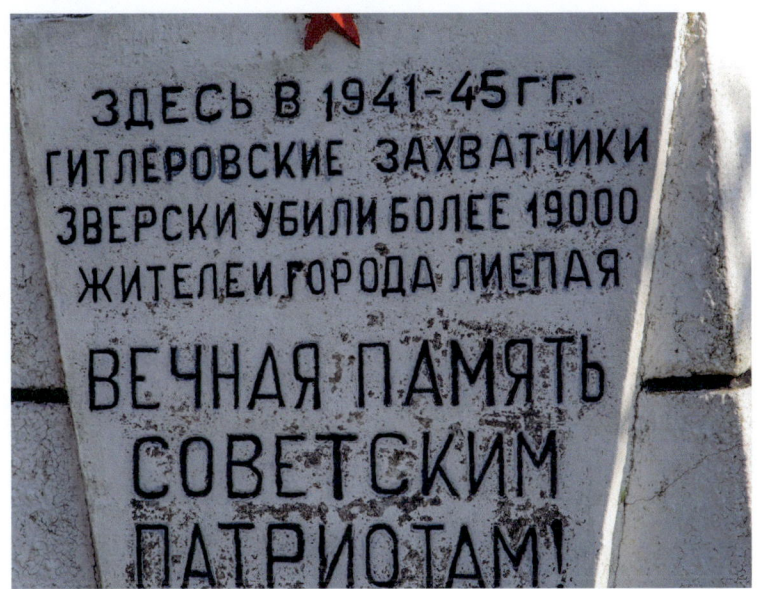

Kurz hinter Šķēde fuhren wir durch eine typische russische Datschasiedlung, die sich mit ihren Holzhäusern und großen Gärten bis heute gehalten hat. Hier zeigt sich, welche Bedeutung die Natur und ein Gemüse oder Obstgarten für die örtliche Bevölkerung hat. Weiter ging es nach Ziemupe auf einer der holprigsten Schotterpisten unseres Lebens, welche sprichwörtlich kein Ende nahm.

Die Ostsee ist hier immer in unmittelbarer Nähe und der Fluss Durbe liegt direkt an der Fernverkehrsstraße P111, die in Richtung Ventspils führt. Die Nacht verbrachten wir an einem der wunderschönen Strände nahe Pāvilosta. Auf unser Reiseziel wurden wir auch aufmerksam gemacht.

An der P111 in der Nähe von Labrags befindet sich ein alter Gutshof, der nachweislich um 1893 gebaut wurde. Leider ist das Gebäude samt Stallanlagen vollkommen verfallen. Im Laufe der Zeit sind viele Türen und Fenster ausgebaut worden. Vom alten Glanz ist kaum noch etwas zu sehen.

In Lettland gibt es hunderte von prächtigen Gutshöfen, Herrenhäusern und Schlössern sowie schlossähnlichen Bauten. Bei der Planung Ihrer Reise ins Baltikum, sollten Sie diese mit in Betracht ziehen.

Im Baltikum werden ehemalige Gutshäuser wieder restauriert und erstrahlen in neuem Glanz. Heute sind sie Touristenmagneten. Nahe Riga lädt das Schloss Dahlen zu Spaziergängen in einem herrlichen Park am Ufer der Düna ein. In Estland genießen Besucher das Saka Cliff Hotel und das Landgut Palmse.

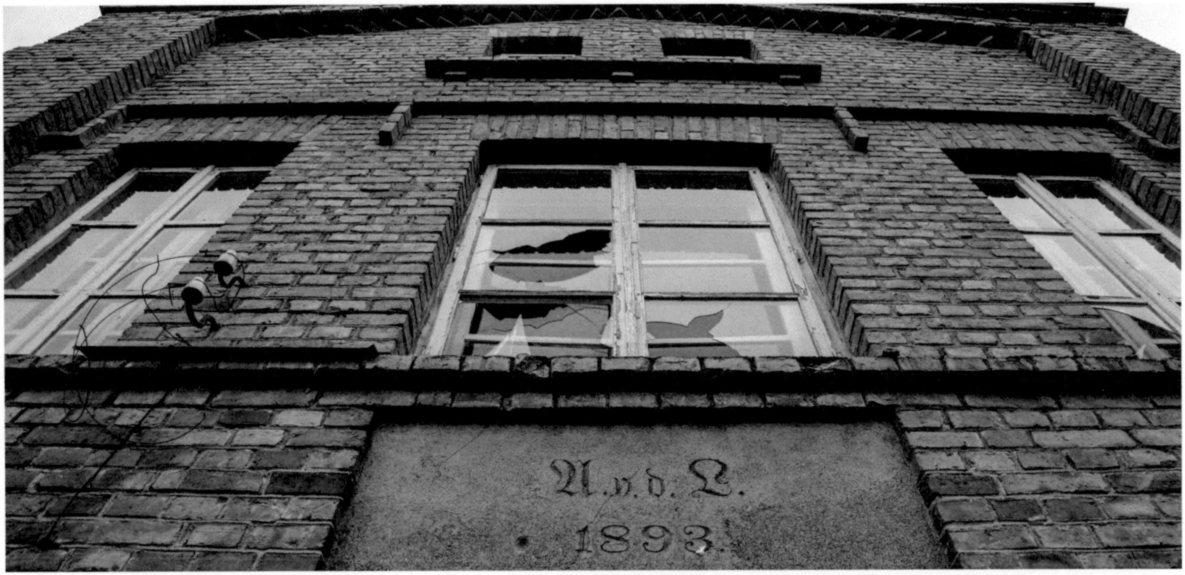
A. v. d. L.
1893

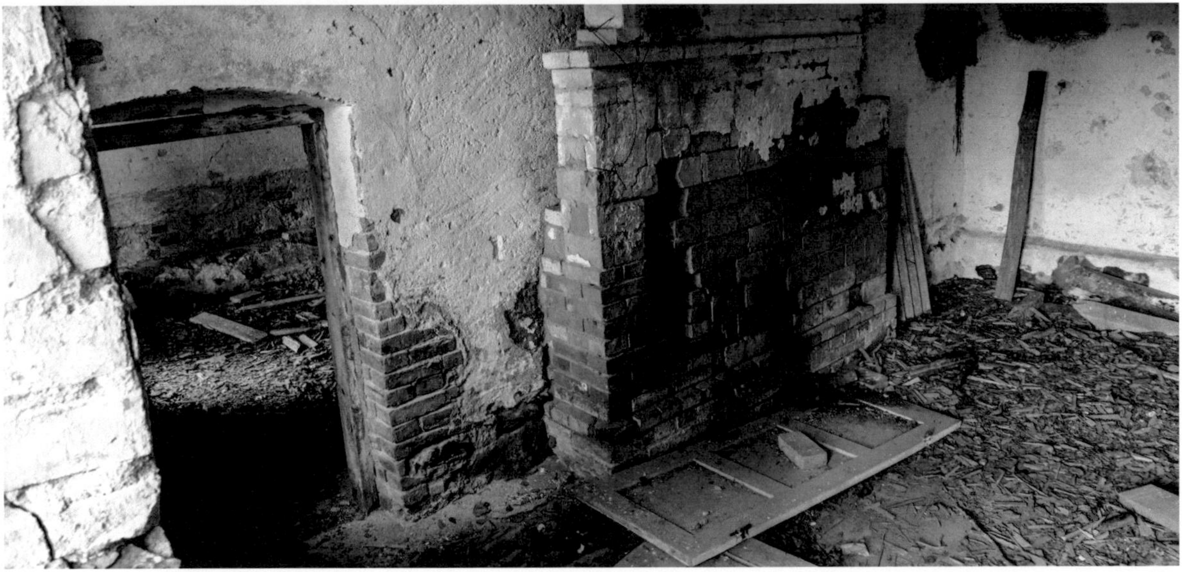

Wenn man an Lettland denkt, fallen einem natürlich die endlosen Sandstrände an der Ostsee und die wunderschöne, teils unberührte Natur im Landesinneren ein. Wer bereits einmal dort war, kann das sicherlich bestätigen.

Außerdem hat das Land, hinsichtlich seiner Kultur, Kunst und Musik, noch viel mehr zu bieten. In Jūrkalne erlebten wir eine der malerischsten Küsten Lettlands mit einem einsamen und kilometerlangen, von der Zivilisation unberührten Strand und eine bis zu 20 Meter hohe Steilküste.

JURKALNE

Jūrkalnes Steilküste ist durch Erdrutsche entstanden. Solche Erosionen werden durch die hier wütenden Stürme ausgelöst. Sie sind die stärksten im ganzen Land. Die zum Strand führenden Treppen wurden schon mehrmals erneuert.

Jedes Jahr verliert die Küste mehrere Meter Sand. So sind Aussichtsplattformen und zugleich Kunstwerke aus Holz, wie auf dem Bild zu sehen, stetig davon betroffen. An die Küstenlinie führen verschiedene Waldwege, die zum Rasten und Rosten einladen.

In Jūrkalne kann man am Meer entspannen und seine Freizeit aktiv gestalten. Es ist ein idealer Ort für Outdoor Sportarten, die heute mehr denn je von den Einheimischen und auch den wenigen Touristen hier vor Ort praktiziert werden.
Dazu zählen insbesondere Wandern, Paragliding, Windsurfing oder einfach zum Fahrradfahren auf den vielen angelegten Radwegen. Wenn nicht, dann kann man an sonnigen Tagen auch einfach nur am feinen Sandstrand ausspannen.

Eine weitere Besonderheit und Seltenheit sind die lettischen blauen Kühe, die man in dieser Region noch auf zwei Bauernhöfen antreffen kann. Im Volksmund werden sie auch livische Kühe oder Meeres- bzw. Mondkühe genannt.

Die asphaltierte Straße führte uns von hier nach Osten in Richtung Ēdole und weiter nach Īvande. Glücklicherweise gab es auf diesem Abschnitt wenig Verkehr und wir konnten entspannt radeln. In beiden Orten gibt es ebenfalls noch alte Herrenhäuser und Schlösser, die zu unterschiedlichen Zwecken genutzt werden. Das Schloss in Ēdole (dt. Schloss Edwahlen) hat viele gotische Bauelemente und liegt direkt am Ēdoler See.

EDOLE

Ursprünglich bestand das Schloss aus zwei großen Wohnbereichen, die durch eine Steinmauer verbunden waren. Umgeben von einem Landschaftspark ist es heute als Nationales Kulturgut geschützt.

Zwischen 1264 und 1267 ließ man es für den Bischof von Kurland errichten. Im 16. Jh. wurde es umgebaut und war von da an Eigentum des deutsch-baltischen Barons von Behr und seinen Nachfahren.

Während des 18. Jh. wurde das Schloss restauriert und ausgebaut.

Heute gilt es als eines der ersten Beispiele neugotischer Baukunst in Lettland. 1905 brannten Teile während russischer Aufstände nieder. Nach dem Feuer wurde in einer Ecke des Schlosses ein neuer Innenhof und Turm angelegt.

Bei der Erneuerung der Fassade blieben die ursprünglichen gotischen Elemente erhalten. Es lohnt, sich die Zeit zu nehmen und das Schloss samt Park zu besuchen.

IVANDE

Das Gutshaus Groß-Iwanden ist ein Zusammenschluss von mehreren kleinen Höfen. In der Mitte des 16. Jh. von der Familie Steinrat erbaut, blieb es für drei Generationen in Familienhand.

Ab dem 17. Jh. hatte das Gut verschiedene Eigentümer und blieb bis zur Enteignung im Jahr 1920 im Besitz der Familie vom Baron von Hey-king. Das heutige Gebäude wurde im 18. Jh. vom Architekten Theodor Zeiler im neoklassizistischen Stil umgebaut.

Auf der Parkseite befindet sich eine große Eingangshalle gestützt von zwei freistehenden und zwei stützenden neoklassizistischen Säulen. Das Hauptgebäude wurde durch ein Feuer im Jahr 1905 zerstört und im Jahr zwischen 1912–1913 wieder aufgebaut. Mit seinem Landschaftsgarten ist es sehr gut erhalten und wird als Jugendherberge sowie als Kultur- und Veranstaltungszentrum genutzt. Im Vorhof stehen alte Fahrradmodelle, die uns fast zum Umsteigen bewogen haben.

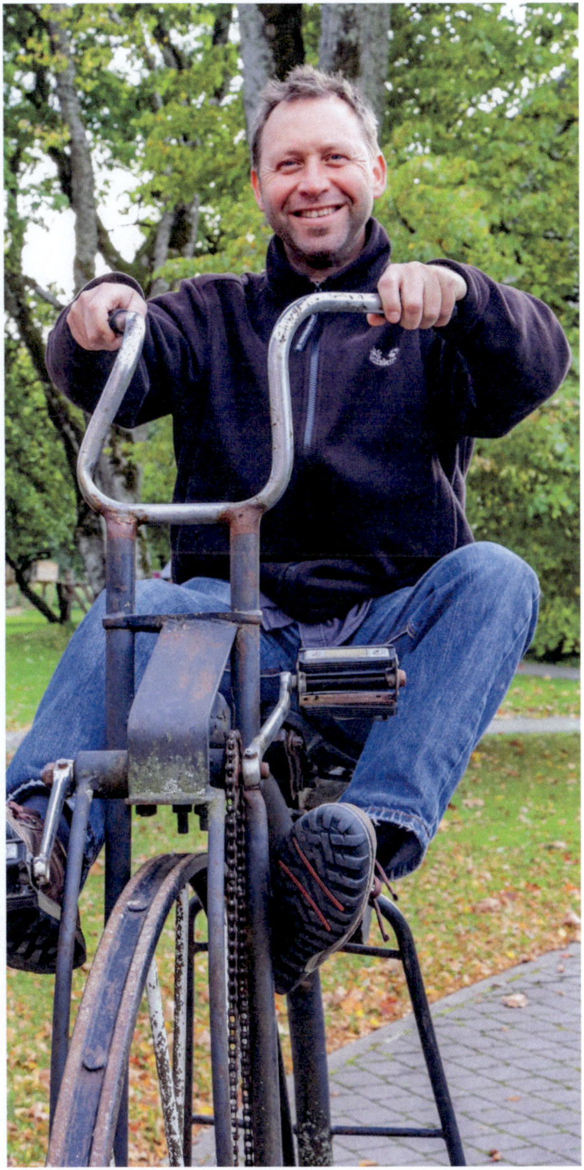

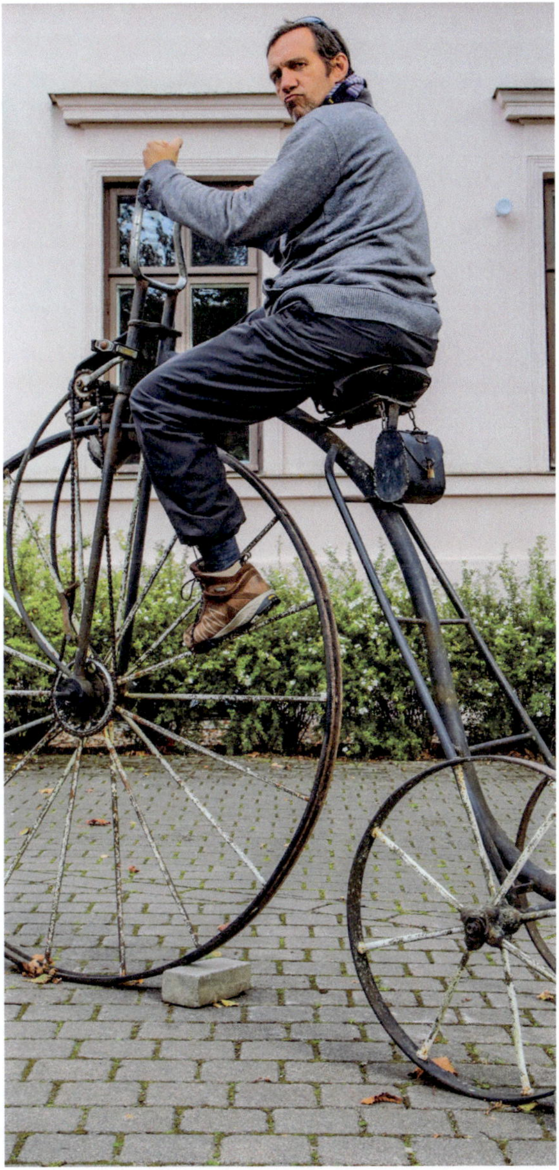

BILDER HÖREN
Stikla Pērlīšu Spēle - Mārcis Auziņš

Die längste befahrbare Backsteinbrücke Europas mit fast 250 Meter Länge. Gegenüber liegt der breiteste Wasserfall Europas mit einer Badestelle.

KULDIGA

Kuldīga (dt. Goldingen) ist eine Stadt mit 12.000 Einwohnern am Fluss Venta. 1561 wurde sie zur Residenz des Herzogs Gotthard Kettler und später zeitweise zur Hauptstadt des Kurlands.

Die Wirtschaft blühte unter dem Herzog auf, so dass sich der Schiffbau, Salpeterfabriken und Ziegelbrennereien entwickelten. Ihren wirtschaftlichen und politischen Einfluss verlor die Stadt später durch den Polnisch-Schwedischen Krieg und den Großen Nordischen Krieg sowie durch die Pest.

1795 geriet Kurland nach der dritten Teilung Polens und der Auflösung der polnisch-litauischen Adelsrepublik unter russische Herrschaft. Kuldiga wurde Sitz eines Kreishauptmanns.

Im 19. Jh. kam es zu einem erneuten wirtschaftlichen Aufschwung mit dem Bau der Nadelfabrik Meteor, der Streichholzfabrik Vulkan und einer Lederfabrik.
Nach dem Ersten Weltkrieg war Kuldīga Teil des unabhängig gewordenen Lettland.

Im Zuge des Hitler-Stalin-Pakts 1939 wurden die Deutsch-Balten, etwa 13% der Stadtbevölkerung, umgesiedelt. Die Rote Armee besetzte Lettland 1940.

Es setzen umfangreiche Deportationen der Bevölkerung ein. 1941 eroberte die deutsche Wehrmacht Kuldīga und es begannen die Enteignungen der jüdischen Bewohner.

Am 8. Mai 1945 kapitulierten die Deutschen und es marschierte die Rote Armee wieder ein.

Von 1945 bis 1991 wurde in der Kreisstadt Kuldīga wieder Industrie angesiedelt.

Heute zeigt sich die Stadt in einem besonderen Flair mit vielen renovierten Gebäuden und einer einzigartigen Architektur aus verschiedenen Jahrhunderten.

Die nächste große Stadt unserer Reise war Tukums. Hier wurde in den letzten 30 Jahren viel restauriert. Ein kleiner Teil der Stadt behielt seine Ursprünglichkeit.

Tukuma muzejs

Durbes pils, Tukums

Jūliusa Dēriņga (1818–1898) glezna "Matiass fon der Reke un viņa mazdēls Karlis Durbes pils pakājē" tapusi 1865. gadā un rotāja Durbes pils lielās zāles sienu līdz Latvijas agrārajai reformai. Līdz mūsu dienām saglabājies tikai viens vienīgs melnbalts foto, kurā redzama glezna. Iespaidīgā izmēra dubultportreta kopija drīzumā būs skatāma Durbes pilī.

Das Landgut Šlokenbeka bei Tukums bietet heute viel historisches, sogar ein Straßenmuseum und im großen Innenhof viele Spielmöglichkeiten für Groß und Klein.

BILDER HÖREN

Dagdad - Mārcis Auziņš

LANDGUT SLOKENBEKA

Die Stadt Tukums ist ideal für eine letzte Übernachtung vor der Haupstadt Riga, die nur noch 70 km weit entfernt liegt. Sie wird auch als die Stadt der Gärten und Rosen bezeichnet. Es gibt viele Parkanlagen um den Friedhofshügel und sie hat sich in den letzten Jahren sehr geputzt.

Beliebte Orte sind das Schloss Durbe und das Schloss Šlokenbeka (dt. Schlockenbeck), die als klassizistische Architekturperlen von Lettland bezeichnet werden. In diesen Herrenhäuser wurde die Innenausstattung aus dem Ende des 19. Jh. erneuert und man bekommt einen sehr guten Eindruck von dem Leben und der Kultur der Baltendeutschen.
Beide Landgüter befindet sich in unmittelbarer Reichweite von Tukums.

Das Landgut Šlokenbeka, schriftlich erwähnt im 15. Jh., hatte lange Zeit eine Schutzfunktion für den Handelsweg zwischen Riga und Ostpreußen.

Das restaurierte Herrenhaus besitzt heute einen schönen und weit angelegten Landschaftsgarten mit einem Hotel samt Restaurant und Cafe.

Im Garten und Museum finden Ausstellungen, Theaterstücke und klassische Konzerte sowie kulturhistorische Projekte statt.

Besucher können viel über die bedeutende Geschichte des Landgutes erfahren und sich in die historischen Situationen einfühlen.

Eine Dauerausstellung über die Geschichte des Straßenbaus und deren Technik des Landes zeigt Fahrzeuge aus früheren Jahren sowie verschiedene Exponate von Landwirtschaftsgeräten aus dem 17. und 18. Jh.

KRIEGSDENKMÄLER

Man findet sie im ganzen Land und sie gedenken den Gefallenen verschiedener Kriege. Die Geschichte Lettlands und Estlands ist durch bestimmte Ereignisse tragisch miteinander verknüpft. Das Baltikum war nicht nur im Mittelalter, sondern auch in der Zeit des Barocks und der Renaissance umkämpft. Gerade zu Beginn des 20. Jh. war Deutschland und Russland um eine Vormachtstellung im Baltikum bemüht. Nach dem Frieden von Nystad im Jahr 1721 gehörten Lettland und Estland zum russischen Reich.

Deutschland kämpfte zum Ende des Ersten Weltkrieges um beide Länder, obwohl es strikt gegen eine Unabhängigkeit war. In einem erbitterten Unabhängigkeitskrieg starben Tausende von Letten und Esten sowie Deutsche und Russen. Die Unabhängigkeit sollte aber nicht lange währen. Schon bald wurde das Baltikum wieder zum Spielball der Weltmächte.

Durch den Hitler-Stalin Pakt wurden beide baltischen Länder wieder der damaligen Sowjetunion zugesprochen. Aber Hitler ignorierte diesen Pakt. Auf Grund der vielen Deportationen durch Stalin wurde sein Einmarsch 1941 fast als eine Art Befreiung angesehen.

Die deutsche Wehrmacht und SS baute viele Konzentrationslager strategisch auf und deportierte fast alle Juden aus dem Baltikum dorthin. Die rote Armee schlug schon bald zurück. Nach der Rückeroberung 1944 wurde aus der Schreckensherrschaft der Deutschen eine des Kommunismus.

Stalin besetzte erneut alle Staaten des Baltikums und sah sich nun als Befreier vom Hitler-Faschismus. Wieder mussten Tausende sterben und das Baltikum kam bis zu seiner erneuten Unabhängigkeit 1991 nicht zur Ruhe.

Noch heute wird viel über die sowjetischen Kriegsdenkmäler diskutiert, zuletzt wegen des Ukrainekrieges im Jahre 2022. Einige wurden nun entfernt.

JURMALA

Jūrmala liegt 10 km nordwestlich vor der Hauptstadt Riga. Dieser Küstenstreifen erstreckt sich über 40 km und setzt sich aus 15 Teilorten zusammen. Östlich davon mündet der Fluss Lielupe in den Rigaischen Meerbusen.

Vor 1914 war der Ortsteil Bulduri, früher Bilderlingshof genannt, der bevorzugte Sitz der deutsch-baltischen Intellektuellen sowie des Geld- und Blutadels. Zu Ehren der Eheschließung zwischen Maria Alexandrowna Romanowa und dem britischen Prinzen Alfred wurde ein Teil zwischen Dzintari und Bulduri im Jahre 1874 eine Zeit lang sogar Edinburgh genannt.

In Jūrmala findet man heute eine Promenade, Restaurants und Freizeitstätten. Außerdem ist es ein Kurort und eine bevorzugte Wohnlage für Gutverdiener aus Riga und der näheren Umgebung. Der lange weiße Strand lädt selbst im Herbst zum Baden und Erholen ein. Westwärts von hier wird der Strand für 20 km nicht mehr unterbrochen.

BILDER HÖREN
Omaenese Ilus Ja Veas - Mari Jürjens

Unweit von Jūrmala gibt es viele kleine Buchten und menschenleere Strände. Sie laden zum Verweilen und zum Baden im kalten Ostseewasser ein.

PUMPURI UND SEINE VILLEN

Unweit von Jūrmala fuhren wir durch den schmucken Vorort Pumpuri. Hier stehen sehenswerte Villen in Holzbauweise aus der Zeit der Jahrhundertwende. Im Umkreis und Zentrum Rigas lassen sich viele Beispiele architektonischer Stilrichtungen finden. Die Gotik, Romanik und der Jugendstil sowie die traditionelle lettische Holzhausarchitektur sind im Baltikum und nordeuropäischen Raum vertreten.

Riga ist bekannt für seinen großen Bestand an Villen und Wohnhäusern im Jugendstil. Sie entstanden im Zuge der Erweiterungen des Stadtkerns ab Mitte des 19. Jh., als die mittelalterlichen Befestigungsanlagen des historischen Zentrums dem so genannten Boulevard-Ring weichen mussten.

In Pumpuri und im Zentrum Rigas sind die Fassaden der Holzhäuser und anderer Gebäude mit viel Liebe zum Detail verziert.

Blumenornamente, Skulpturen und Verzierungen machen den besonderen Reiz aus.

Die prächtigsten Vertreter der Jugendstil-Substanz stehen in Riga in der Alberta Iela, in einem Viertel nördlich der Altstadt.

Der Zahn der Zeit hatte an einigen Fassaden erfolgreich genagt. Nach dem Fall des Eisernen Vorhangs konnten innerhalb von drei Jahrzehnten fast alle Schäden an den wunderschönen Bauten behoben werden.

Pumpuris Villen sowie Rigas Stadtzentrum erstrahlen von Neuem im alten Glanz. Besucher wissen dies zu schätzen.

Pārdaugava liegt westlich des Flusses Daugava (dt. Düna) und bedeutet „über der Daugava". In diesem weniger pompösen Teil Rigas befinden sich ebenfalls zahlreiche Beispiele der traditionell lettischen Holzbauweise und dem Jugendstil. Nicht architektonischer Glanz, sondern vielmehr Charme macht den besonderen Reiz der ehemaligen Arbeitersiedlungen aus.

Auf bestimmten Strandabschnitten war der Sand so fest,
dass wir sie bei wenig Wind und Sonne befahren konnten.

RIGA UND SEINE SCHÄTZE

Rigas Altstadt gehört seit 1997 zum UNESCO-Welterbe. Die Anzahl der erhaltenen Gebäude aus der Jugendstil-Epoche ist weltweit einzigartig. Verglichen mit Stadtteilen in Wien, St. Petersburg, Antwerpen, Prag und Barcelona gilt Rigas Neustadt als sehenswertestes Jugendstilensemble.

Ebenso gibt es Gebäude mit einer Mischung aus einer hölzernen Tradition und Stilepochen wie z.B. dem Neoklassizismus. Rigas Holzarchitektur ist eine Sehenswürdigkeit mit eigenem Charakter. Außer im Baltikum kann man sie noch in Skandinavien und Russland finden.

Mit dem Fahrrad durch die engen Gassen und den Altstadtkern zu fahren ist ein wahres Erlebnis. Man erblickt viel und kann an interessanten Ecken jederzeit einen Stopp einlegen, um Fotos zu machen.

In Rigas Altstadt lassen sich auch gotische und romanische Elemente aus Backstein finden. Zu sehen sind sie am Dom, dessen Grundstein im Jahr 1211 von Bischof Albert von Buxthoeven gelegt wurde, an der Petri-Kirche, aus dem Jahr 1209, dem Schwarzhäupterhaus von 1334 und dem Rigaer Schloss, das 1330 als Festung des Schwertbrüderordens errichtet wurde. Heute ist es der Amtssitz des Staatspräsidenten.

Riga und Tallinn sind mit ihrer Architektur und Geschichte einzigartig im Baltikum. Allein das Zentrum von Riga zeigt in ihrer Vielfalt die Architektur der Jahrhunderte.

Nehmen Sie sich die Zeit, in die vielen Kunstgewerbegeschäfte zu schauen oder in altertümliche Restaurants und Bars einzukehren. Hier trifft man auf Einheimische. Wir konnten diese Gelegenheiten genießen.

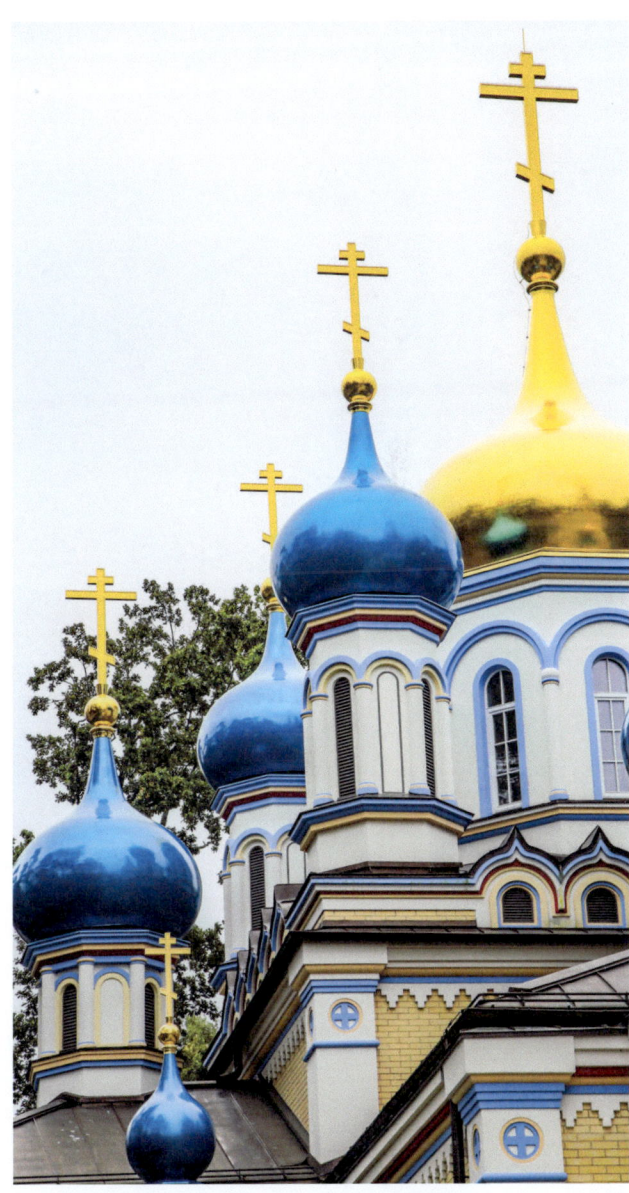

Südwestlich des Rathausplatz steht ein 13 Meter hohes Denkmal vom Bildhauer Valdis Albergs aus dem Jahre 1971.

Es zeigt drei überlebensgroße, monumentale Figuren, Rücken an Rücken stehend, auf einem hohen Sockel. Zu sehen sind eine Kommissarin, ein städtischen Arbeiter und ein Landarbeiter, die uniformiert sind und auf ihren Mützen einen fünfzackigen Stern tragen.

Das Denkmal entstand in der Zeit der sowjetischen Besatzung Lettlands und ehrt die Roten Lettischen Schützen, die auf der Seite der sowjetischen Bolschewiki kämpften und für eine Lettische Sozialistische Sowjetrepublik eintraten.

Eine Gedenkstätte mit Klanginstallation erinnert
an die Opfer während der sowjetischen Besatzung

Dieses Erinnerungsdenkmal stellt eine Verbindung zwischen Heute und der tragischen Geschichte Lettlands dar. In den 30er und 40er Jahren verschleppten die Sowjets Tausende von Letten in sibirische Straflager.

Aus der Gedenkstätte heraus ertönen Klänge und Vibrationen, die Emotionen erzeugen. Sie verbinden sich mit den Geräuschen der Stadt. Die seitliche Fassade zeigt das Muster einer handgewebten Decke, dargestellt aus roten und weißen Granitplatten. In der Mitte des Denkmals befinden sich auf einer Metallplatte und -stufen Namen als literarische Erinnerungsbotschaft. Regelmäßig wird den Opfern mit Blumen und Kränzen gedacht.

Auf dem Rathausplatz steht das Schwarzhäupterhaus, das 1334 als das „Neue Haus der Großen Gilde" erstmals erwähnt wurde. Kaufleute sowie die Bürger Rigas, die vorwiegend deutscher Herkunft waren, kamen dort zusammen. Es wurde ähnlich der Artushöfe genutzt, die in dieser Zeit in anderen Städten standen.

Das Haus wurde im gotischen Stil errichtet und glich mit seinem steilen Giebeldach einem mittelalterlichen Wohnhaus. Die rekonstruierte Giebelfassade des Gebäudes mit Skulpturen und Reliefs, welche nach dem Vorbild holländisch-flämischer Zunfthäuser im manieristischen Stil umgestaltet wurde, ist ein Symbol Rigas und eine der Hauptsehenswürdigkeiten.

Mit dem aufkeimenden Handel an der Mündung des Flusses Daugava (Düna) begann im Jahr 1150 die imposante Stadtgeschichte Rigas. Schwedische Kaufleute von der Insel Gotland wollten in der Region wirtschaftlich Fuß fassen. Deutsche Händler folgten ihrem Beispiel.

Vorerst entwickelte sich ein ca. 60 km entfernter Hafen zum wichtigsten Handelsplatz. Der heutige Standort Riga kam erst später hinzu.

Der Hafen wurde zum Jahrhundertwechsel durch den Einfluss deutscher Kaufleute geschlossen. Somit konnte der regionale Handel in Riga stattfinden.

1201 war schließlich das Gründungsjahr in der langen Stadtgeschichte. Die einst kleine Ansiedlung an der Daugava war nun unter Bischof Albert von Buxthoeven aus Bremen zur Hauptstadt Livlands aufgestiegen.

Seitdem strahlt Riga religiös wie auch wirtschaftlich. Die Stadt wurde zum Sitz der Erzbischöfe und zur Basis für die Missionierung durch den Schwertbrüderorden.

Als Handelsplatz gewann Riga schnell und überregional an Einfluss, so dass der Anschluss an die Hanse 1282 offiziell wurde.

Im Jahr 1520 kam die Reformationsbewegung in Riga an. Die religiöse Vorherrschaft der Erzbischöfe endete damit.

Begleitet von politischen Spannungen kam es 1558 zum Ausbruch des Livländischen Krieges, mit dem Ergebnis, dass Riga ca. 40 Jahre von Polen-Litauen regiert wurde.

Riga fiel 1621 schwedischen Truppen in die Hände. Dies erhöhte die strategische Bedeutung der Stadt noch einmal deutlich. Riga war damit die zweitwichtigsten Stadt nach Stockholm und Schweden bekam Zugang nach Osteuropa.

Dementsprechend umfangreich waren in den Folgejahren die Arbeiten am Schutzwall Rigas, um sich vor russischen Angriffen schützen zu können.

1710 war es dann soweit. Nach langer Belagerung eroberten russische Truppen Riga. In dieser Zeit stieg Russland zur Großmacht im Ostseeraum auf.

Dadurch wuchs Rigas Rolle als wichtige Handelsmetropole weiter und die Einwohnerzahl nahm stetig zu. Ende des 18. Jh. waren es noch 30.000, Mitte des 19. Jh. dann schon 60.000 Einwohner.

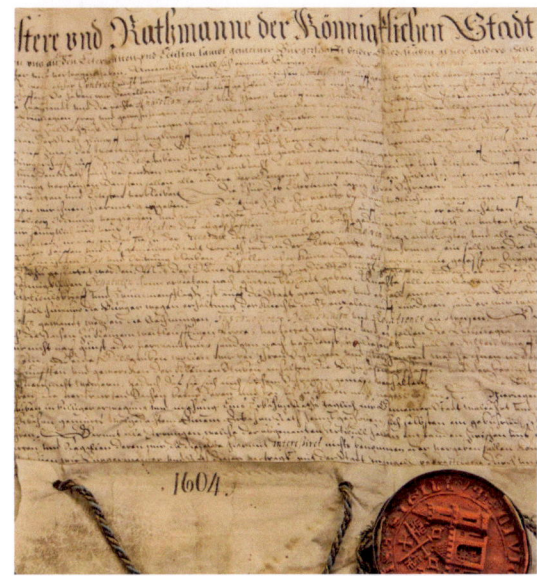

RIGAER STADTGESCHICHTE

Das Museum für Rigaer Stadtgeschichte und Schifffahrt befindet sich in der Altstadt und hat seine Anfänge im Jahr 1773. Es gilt als ältestes öffentliches Museum in Lettland und gehört mit zu den ältesten in Europa. In 16 Sälen werden die Entstehung und Entwicklung Rigas von über 800 Jahren und die Schifffahrt Lettlands seit dem 10. Jh. gezeigt.

Es gehört zum Ensemble des Rigaer Domes, bestehend aus der Kirche, dem gotischen Kreuzgang und dem Museum. Der im Stil des Klassizismus des 18. Jh. gebaute Kolonnensaal ist der Stolz des Museums. Er befindet sich an der Stelle der ehemaligen Klosterräume.

Ausgestellt werden einmalige geschichtliche Zeugnisse wie z.B. Werkzeuge und Waffen, Gewichte und Maße aus der Zeit der Hanse sowie alt-lettischer Silber-Schmuck.

Ebenfalls findet man hier den Heiligen Christophorus, eines der ältesten Wunder von Riga und einige Raritäten wie „Rigas Schiff" aus dem 13. Jh. oder das Schwert des Henkers von Riga.

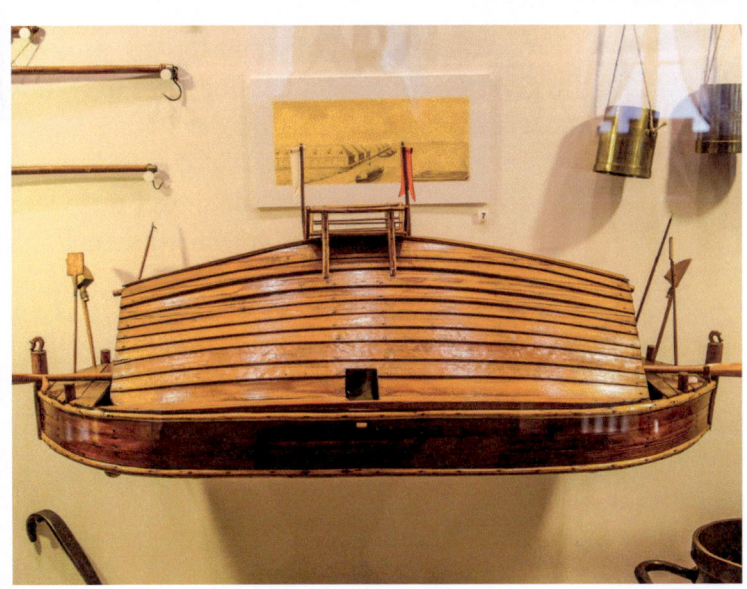

Der Rigaer Dom ist ein bedeutendes Denkmal der romanischen und gotischen Architektur aus dem 13.–20. Jh. Während der Restaurierungsarbeiten im Jahr 1890 wurde ein Teil des Monasteriums in das Dommuseum umgestaltet.

Es war das erste Gebäude in der Geschichte Rigas, das speziell für ein Museum gebaut wurde. Auf der Tafel am Eingang kann man dies nachlesen. Innerhalb des Komplexes befindet sich eine Säulenhalle. Sie wurde 1778 im Stil des Klassizismus gebaut und beherbergte bis 1891 eine Bibliothek.

Heute wird sie für Konferenzen und eine historische Ausstellung über das 18. und 19. Jh. genutzt. Ihr gegenüber liegt die Gewölbegalerie aus dem 13. Jh. und der Rigaer Dom.

Die Rigaer Dom Kathedrale liefert uns viele Informationen über die verschiedenen Epochen Rigas Geschichte.

Im Zentrum von Riga erhebt sich das fast 43 m hohe Freiheitsdenkmal auf dem Freiheitsboulevard, der durch die Neustadt nach Osten führt.

Das aus Granit und Kupfer gebaute Kunstwerk symbolisiert seid einem Jahrhundert den Wunsch des lettischen Volkes nach Unabhängigkeit und Freiheit. Gleichzeitig ist es ein Monument der Souveränität.

Die Freiheitsstatue hält drei glänzende Sterne in den Händen, die Lettlands Regionen Kurland, Livland und Lettgallen symbolisieren. Im Fuß des Denkmals stehen die Worte "Für Vaterland und Freiheit!".

Mit Spenden des Volkes wurde es gebaut und im November 1935 enthüllt. Ursprünglich stand an dieser Stelle ein Reiterstandbild von Peter dem Großen.

Die Geburtskathedrale ist eine der schönsten und größten russisch-orthodoxen Kirchen von Riga.

BILDER HÖREN
Sa Kosisid Sirgema Poisi - Mari Jürjens

Wenn man in Riga etwas gesehen haben muss, dann ist es der Zentralmarkt neben dem Omnibusbahnhof.

Ein paar hundert Meter entfernt von der Altstadt und direkt am Ufer der Daugava gelegen gehört er mit fast 100.000 Besuchern pro Tag zu den am meisten besuchten Märkten Osteuropas.
Im Jahr 1930 wurde er feierlich eröffnet.

Ursprünglich wurden die Hallen als Hangars für Zeppelin Luftschiffe errichtet. Erst später fasste man den Beschluss, sie als Markthallen zu nutzen.
Heute gehören sie zu Rigas Wahrzeichen.

Der Zentralmarkt war damals der größte und modernste in Europa.

Im Herzen von Riga bietet er vielfältige Einkaufsmöglichkeiten, gesellige Erlebnisse, einzigartige Geschichten und lustiges Feilschen.

Unbedingt zu probieren sind die einge-
legten Salzgurken, das frische Gemüse
und Obst oder ein frisch geräucherter
Aal.

Hier kann man den ganzen Tag ver-
bringen und genießen bis auch die Ärz-
tin kommt.

Ein Rundgang durch die Markthallen
ist spannend und erlebnisreich, wie du
ihn in dieser Art nirgends in Europa
erlebst.

Auf dem Marktgelände stehen nicht
nur die Markthallen, sondern auch alte
Lagergebäude, in denen viele Start Up
Firmen aus kreativen Branchen einge-
zogen sind.

1998 wurde es in die Liste des
UNESCO-Weltkulturerbes aufgenom-
men.

VON RIGA RICHTUNG NORDEN

Der Zoo von Riga befindet sich am Stadtrand neben dem Park „Mežaparks", westlich des Sees Ķīšezers. Er wird von der Stadt betrieben, besitzt mehr als 4.000 Tiere aus 500 Arten und hat eine Fläche von mehr als 135 Hektar. Jährlich besuchen ihn ca. 270.000 Besucher.

Im Jahr 1908 wurde eine Gesellschaft für die Gründung des Zoos ins Leben gerufen. Nur 3 Jahre später standen für die Umsetzung fast 20 Hektar Land zur Verfügung.

1912 öffnete der Zoo mit noch wenigen Tier- und Pflanzenarten. Weitere Tiere kamen später von anderen zoologischen Gärten dazu.

Mežaparks (dt. Kaiserwald) gehört zu den ersten Stadtgärten der Welt. Er ist nicht nur ein Park und Waldgebiet, sondern auch ein Stadtteil.

Zur Zeit des Zweiten Weltkrieges gab es dort ein Konzentrationslager, wo Juden, Zigeuner, Kommunisten und andere Oppositionelle gefoltert und getötet wurden.

Heute ist es eines der bekanntesten Naherholungsgebiete von Riga. Alle 4 Jahre findet dort das lettische Gesangs- und Tanzfestival statt. Im Sommer 2023 war es wieder soweit.

Hier steht auch eine große Freilichtbühne, auf der bereits auch ein Konzert von Lady Gaga in der The Born This Way Tour 2012 stattfand.

Zu erkunden ist auch der große See Ķīšezers, wo man verschiedenen Sportaktivitäten nachgehen kann.

Auf unserer Fahrt durch den Park und entlang des Sees begegneten wir Familien, Wanderern, Joggern und diesen fantastischen Figuren aus Holz und Stein, die Entspannung und Kultur symbolisieren.

Die Rigaer Werft wurde 1913 gegründet. Sie ist die größte Werft Lettlands und eine der größten Werften im Ostseeraum mit über 9 Liegeplätzen, 3 Docks und 2 Bootsrampen am Ufer der Daugava-Kanäle.

Schiffe der Panamax-Größe können hier Trockendocken sowie Schiffe der Aframax-Größe können hier für Reparaturen im Wasser untergebracht werden.

In beiden Weltkriegen wurde die Werft durch Bombenangriffe extrem zerstört und musste danach erneut aufgebaut werden. Im Jahr 1995 kam es zu einer Privatisierung.

Seit 1997 wurden dort mehr als 100 Seeschiffe repariert und mehr als 150 Schiffsrümpfe ausgestattet bzw. gebaut.

Der Ostseestrand, faszinierende Wolkenge-
bilde und Strandgut waren vor und nach
Riga unsere treuen Wegbegleiter.

BILDER HÖREN
Sailor's Daughter - Alise Joste

SAULKRASTI

„Saulkrasti" setzt sich aus dem lettischen Wort für Sonne (saule) und dem Wort für Ufer (krasts) zusammen und bedeutet „Sonnenufer" oder „Sonnenstrand". Wir erlebten einen im Spätsommer fast menschenleeren Strand, der einfach nur zum Fotografieren einlud.

Nordöstlich von Riga zieht sich die Stadt etwa 17 km entlang der Via Baltica (Europastraße 67) am Ufer der Rigaer Bucht. Sie ist im Süden vom Fluss Inčupe begrenzt und endet im Norden hinter dem Fluss Aġe. Die Flüsse Pēterupe und Ķīšupe fließen hindurch.

1823 entstand hier ein Badeort des Rittergutes Koltzen, der im späten 19. Jh. und frühen 20. Jh. unter den Letten und Russen immer populärer wurde. Schließlich wurde Saulkrasti im Jahr 1933 als Verwaltungseinheit aus den Orten Badeort, Neubad und Peterbach gebildet.
68

Die für die Anbindung wichtige Eisenbahnstrecke von Riga nach Rūjiena wurde 1935 mit vier Haltestellen auf dem Gebiet Saulkrastis ausgebaut.

1991 erhielt der Ort den Stadtstatus. Heute leben hier ca. 3.500 Einwohner.

Eine wichtige Rolle in der Geschichte spielt auch der Vorort Pabaži (ehem. Katharinenbad), der 1950 eingemeindet wurde. Der Ort wurde nach der russischen Zarin Katharina die Große (Katharina II.) benannt.

Im Jahr 1764 fuhr sie von St. Petersburg hierher, um ein Bad zu nehmen und am „Lindenfest" teilzunehmen. Die Linde war damals ein weitverbreiteter Baum in den Dünenlandschaften.

Das Museum von Münchhausen und die Umgebung hat viel mehr zu bieten als nur die Geschichte eines gewissen Hieronymus Carl Friedrich Freiherr von Münchhausen.

MÜNCHHAUSEN MUSEUM & DUNTE

8 km nördlich von Saulkrasti liegt der malerische Ort Dunte nahe dem Strand von Vidzeme. In Lettland ist er bekannt für das Münchhausen-Museum. Hier treffen nicht nur Meer und Wald aufeinander, im Winter werden sogar Pferde an die Kirchtürme gebunden und zehn Enten mit einem Schuss erlegt.

Das Gelände bietet viele Wege und zeigt Geschichten vom Baron von Münchhausen, die man auch mit dem Fahrrad erkunden kann. An dem Ententeich des Hofes haben wir es uns gemütlich gemacht.

Vom Gelände des Museums führt ein ca. 5 km langer Waldlehrpfad zum Meer. Der genannte Münchhausen-Pfad ist der längste europäische Steg aus Espenholz. Man kann ihn in 90 Minuten erlaufen oder in kurzer Zeit mit dem Fahrrad erfahren.

Ein kürzerer Spaziergang von ca. 3 km lässt sich ebenfalls wählen. Auf dem Weg liegen Raststätten wie „Jacobines Garten" oder auch die sprichwörtliche „Erholung für müde Beine" und weitere Ruhepunkte.

Im Museum empfängt Sie der Frei-herr von Münchhausen mit der erlegten Beute und seine Frau Jacobine zeigt Ihnen Ihr Damenzimmer des 18. Jh. Im Erdgeschoss befindet sich der Prunksaal und in der ersten Etage stehen sogar lebensgroße Wachsfiguren damaliger und heutiger Berühmtheiten.

Das sind zum einen der Maestro Raimonds Pauls sowie der Basketballstar Uļjana Semjonova, der Expräsident Kārlis Ulmanis als auch Krišjānis Barons, der für seine volkskundliche Arbeit als Vater der lettische Volkslieder, Dainas genannt, bekannt ist.

Das Gotteshaus im Ort Liepupe (dt. Pernigel) entstand im Jahr 1322 und wurde nicht wie traditionell üblich eingerichtet. Mittig über dem Altar befindet sich die Kanzel und davon abgehend stehen links und rechts die Sitzbänke. Schüler einer Rigaer Handwerkerschule haben die heutige Innenausstattung aus Holz geschaffen.

1372 wurde das Pfarrhaus dazu errichtet. Für den nicht typischen Glockenturm kam 1634 die Glocke hinzu. Hier ist alles ein wenig anders, vielleicht weil der berühmte Baron von Münchhausen die Tochter des Barons von Dunten, Jacobine, dort heiratete.

Die damalige Holzkirche wurde ca. 40 Jahre nach der Eheschließung von einer Steinkirche ersetzt. Die unübersehbaren Ruinen der alten Kirche befinden sich neben der Neuen.

Kreative Graffitis begleiteten uns entlang der Strecke wie an dieser Bushaltestelle.

SALACGRIVA

Salacgrīva ist eine kleine Hafenstadt in der Region von Vidzeme. Sie liegt ca. 100 km nördlich von Riga und 50 km von der ehemalige Hansestadt Limbaži entfernt. Bekannt ist die Stadt durch das Festival Positivus, das seit 2007 jährlich im Juli für ein langes Wochenende mehrere tausend Besucher anlockt.

Der Fluss Salaca fließt durch das Stadtzentrum in die Ostsee. Daher bedeutet Salacgrīva übersetzt "Mündung des Salaca".

Livländer gründeten damals die Siedlung Saletsa. Im 5. Jh. wurde sie das erste Mal urkundlich erwähnt. Einige Jahrhunderte später errichteten ansässige Bürger eine Ritterburg zu Ehren von Bischof Albert. Als diese im 17. Jh. während des Livländischen Krieges mehrfach angegriffen wurde, war sie stark beschädigt und stürzte ein. Der Kanal um den Burghügel fließt heute noch in seiner damaligen Form.

Die wichtigsten Wirtschaftsfaktoren von Salacgrīva sind der Handel von Holz und die Landwirtschaft.

Die Stadt hatte für uns wenig Interessantes zu bieten. Daher entschieden wir uns, schnell Richtung Strand zu fahren, um die letzten Sonnenstrahlen genießen zu können.

Wie man anhand der Fotos sehen kann, gibt es hier im Spätsommer ein Spektakel von Lichtfrequenzen. Ein Erlebnis, das am westlichen Meeresstrand einzigartig ist.

Entlang der Küste und parallel zur Fernverkehrsstraße A1 verlaufen viele Waldwege, die mit dem Fahrrad oder zu Fuß zu erkunden sind.

Weit weg von der menschlichen Infrastruktur und mitten in der Natur gaben sie uns das Gefühl, glücklich und frei zu sein. Einer dieser Wege führte uns in das Gebiet um Keguḷrags, eine Landzunge mit hartem Sandstrand und einigen großen Steinen im Wasser.

Das Meer war hier so flach, dass wir hundert Meter hineingehen mussten, um uns frisch machen zu können. Das war es uns jeden Morgen wert, auch bei einer Wassertemperatur von ca. 12 Grad.

Ķeguļrags ist ein fantastischer Ort für Vogelbegeisterte. Im Frühling und Herbst kann man dort Vögel auf ihrer Wanderroute beobachten. Am Ufer wächst viel Schilf, das ihnen Schutz bietet.

Hier sieht man Vögel wie die graue Bachstelze, den Sumpffalken, den roten Brachvogel oder die Schilfammer. Mit Glück kann man hier auch außergewöhnliche Vögel beim Baden beobachten. Vergessen Sie nicht ihr Fernglas. In Ķeguļrags werden sie es auf jeden Fall brauchen.

Wir genossen dieses Naturparadies in den späten Abendstunden beim Sonnenuntergang und morgens beim Sonnenaufgang.

Auf unserer weiteren Route sahen wir diese Mutter-Kind-Skulptur.

Sie zeigt die persönliche Bindung zwischen Mutter und Kind und symbolisiert bis heute die Bedeutung der Familie. Auch in der Zeit der Sowjetunion spielte das eine große Rolle.

Man findet solche Stein- sowie Bronzeskulpturen noch in vielen Orten und Städten der Ex-UdSSR. Meistens wurden sie von lokalen Künstlern gefertigt und sind daher Unikate.

AINAZI

Ainaži (dt. Hainasch) ist eine Hafenstadt am Rigaer Meerbusen kurz vor der Grenze zu Estland. Sie liegt in Vidzeme, dem historischen Livland.

Noch bis ins Jahr 1977 war diese Stadt die Endstation der Schmalspurbahnlinie Ainaži-Valmiera-Smiltene.

Aus einem ursprünglichen livisches Fischerdorf heraus prägte die Seefahrt und der Schiffsbau die wirschaftliche Entwicklung der Stadt. Ab dem 19. Jh. begann entlang der livländischen Küste der hölzerne Segelschiffsbau.

So entstand in Ainaži 1857 eine Werft und 1864 die erste lettische Marineschule, in der Kapitäne und Steuermänner in lettischer, estnischer und später auch in russischer Sprache ausgebildet wurden.

Im Jahr 1905 wurde ein Handelshafen gebaut, der aber im Ersten Weltkrieg zerstört wurde und danach als Industriehafen seine Bedeutung verlor.

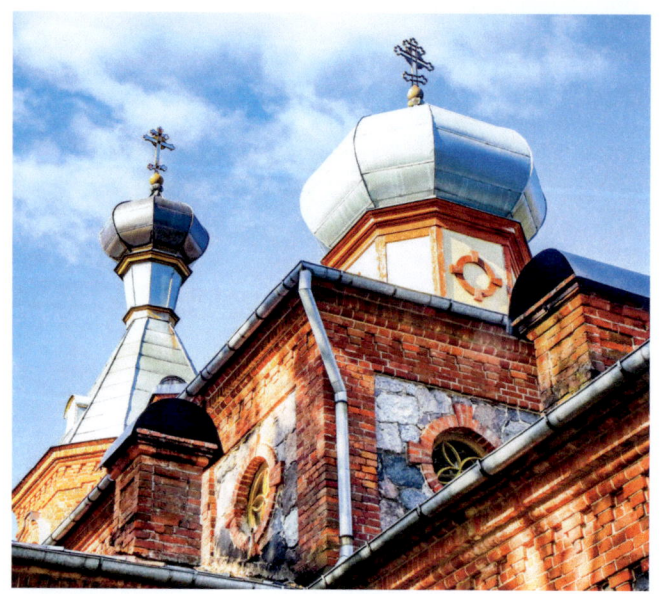

1944 zerstörte die zurückweichende Wehrmacht die Hafenanlagen. Seitdem entwickelten sich die Forstwirtschaft, Holzverarbeitung und der Handel zu den wichtigsten Wirtschaftsbranchen. Der Grenzübergang an der Via Baltica, der Europastraße 67, ist dafür ideal.

Der Einfluss der orthodoxen Kirche nahm ab 1889 in der Stadt zu. Ainaži hatte schon immer eine große russische Gemeinde. Das lag auch an einer Initiative des russischen Zaren, der Land für den Eintritt in die orthodoxe Kirche versprach.

Im Laufe der Jahre wurden somit immer mehr Letten und Esten Mitglied dieser Religionsgemeinschaft.

Die noch heute gut erhaltene Kirche steht seit 1894. Im Zweiten Weltkrieg wurden die Kirchenglocken von der Wehrmacht eingeschmolzen, um daraus Waffen und Munition herzustellen.
Ab 1958 verhinderte die Sowjetunion viele Aktivitäten der Kirchengemeinde, die erst 1991 wieder frischen Wind bekam.

Die 544 km lange Grenze zwischen Estland und Lettland teilt sich auf in 339 km Landesgrenze und 205 km Seegrenze.

Die unabhängigen Republiken Lettland und Estland vereinbarten diese 1992 in Valga und anschließend in Riga.

Der damalige Grenzverlauf zwischen der ehemaligen Lettischen und Estnischen SSR zu sowjetischen Zeiten wurde größtenteils beibehalten.

1999 wurden Wachtürme und Zäune fertiggestellt. Mit dem Beitritt in die Europäischen Union und ins Schengener Abkommen 2007 verloren sie ihre Wichtigkeit. Heute sind sie noch Zeichen der Vergangenheit.

Im Dreiländereck von Estland, Lettland und Russland beginnt die Grenze westlich von Stuborova und erstreckt sich bis zur Ostseeküste, wo sie zwischen Ainaži und Ikla endet.

VOGELSCHUTZSTATION KABLI

In der Vogelstation Kabli befindet sich eine 17 m hohe Lebendfalle, ein Vogelfangnetz. Seit fast 40 Jahren werden in jedem Herbst mit deren Hilfe Vögel beringt und die Vogelmigration erforscht. Wir wurden durch hohe Rauchschwaden angelockt, die durch das Verbrennen von Schilf entstanden.

Hier arbeiten Biologen und Vogelforscher aus Estland sowie Lettland und 2021 auch ein Volontär aus Deutschland. Er führte uns durch die Anlage und erklärte uns, wie die Vögel gefangen, danach gewogen und beringt werden. Alle Daten werden in einer Datenbank festgehalten.Die Vogelstation zeigt die Vogelmigration, die Arbeit der Ornithologen und wie wichtig die Küstenlandschaft für die Vögel ist.

Zwischen der Vogelstation Kabli und dem Naturzentrum gibt es einen Lehrpfad, auf dem Türme zur Beobachtung von Vögeln und der einzigartigen Natur sowie Infotafeln und Nistkästen stehen.

Diese Naturschutzgebiet liegt im Kreis Pärnu. Der erste Vogelaussichtsturm wurde hier 1969 errichtet. 1991 erhielt das Gebiet einen Schutzstatus, der 2007 erweitert wurde. Die Vielfalt an Zugvögeln, die hier auf ihrer Wanderroute einen Zwischenstopp einlegen, hat dazu geführt, dass die Schutzmaßnahmen bis heute stetig ausgebaut werden.

15.000 bis 20.000 Vögel pro Saison werden in diesem Schutzgebiet beringt. Selbst Insekten und wandernde Fledermäuse sind mittlerweile Teil des Forschungsprojektes. Das Besucherzentrum zeigt diese aufschlussreichen Informationen über die Tier- und Pflanzenwelt im Naturschutzgebiet.

Es scheint, als ob diese Fotos alle an einem Abend entstanden. Dem war aber nicht so. Fast jeder Abend zauberte uns ein neues Spektakel aus Licht und Reflexionen.

Hier verbrachten wir die Ostseenacht in Häädemeeste (dt. Gudmannsbach), einem Ort am Rigaischen Meerbusen, unweit der estnisch-lettischen Grenze.

Es ist eine estnische Gemeinde im Südwesten des Landkreises Pärnumaa mit einer Fläche von fast 500 km². Der Ort hat ca. 5.000 Einwohner. 2017 wurde Häädemeeste mit der nördlich Gemeinde Tahkuranna zusammengelegt, wozu auch Võiste und weitere Dörfer gehören.

Die Strände sind im Spätsommer fast alle menschenleer und bieten dem Fotografen und Naturliebhaber ein Schauspiel, das kein Kino so zeigen kann. Hinsetzen und genießen ist das Motto für diesen einzigartigen Bildergenuss.

PÄRNU

Die Stadt (dt. Pernau) gehört mit mehr als 50.000 Einwohnern zu den größten Hafenstädten in Estland. Der Fluss Pärnu fließt mittig durch und mündet am fast drei Kilometer langen Strand in die Ostsee am nördlichen Ausläufer des Rigaer Meerbusens.

1251 wurde Pernau vom Deutschen Orden gegründet und die Ordensburg erstmals um 1265 erwähnt. Wie auch andere Ostsee-Metropolen wurde die Stadt Mitglied der Hanse. Der eisfreie Hafen war wichtig für die Wirtschaft von Livland. 1561 kam sie in schwedischen Besitz und erlebte dadurch einen wirtschaftlichen sowie kulturellen Aufschwung.

Nach der Eroberung Pernaus durch russische Truppen im Großen Nordischen Krieg gehörte sie zum russischen Kaiserreich. Bereits die Schweden bauten die Stadt zur Festungsstadt aus und die Russen setzten dies fort. Der Status als Festungsstadt wurde erst nach Beendigung der Auseinandersetzungen im Jahr 1835 wieder aufgehoben.

Für Pärnu wurde der Rohstoffhandel im 17. und 18. Jh. immer wichtiger. Jedoch führte die Seeblockade in der Napoleon-Zeit zum wirtschaftlichen Abstieg der Handelsstadt.

Ab 1840 wurde Pärnu zu einem angesehenen Kur- und Badeort. Das Klima, die Lage und der Strand sind Grund dafür, dass die Stadt als estnische Sommerhauptstadt bezeichnet wird.

Ein Grüngürtel mit zahlreichen Parkanlagen entstand in den folgenden Jahrzehnten auf dem Gelände des ehemaligen Festungsrings. Während der Estnischen Republik um 1920 setzte sich der Aufschwung des Kurbetriebs fort.

Das machte sich die Stadt zu eigen und wurde mit Schlammbädern und dem schönen Strand zum Heil- und Seebad.

Wie im deutsch-sowjetischen Nichtangriffspakt festgelegt, mussten die deutschen Einwohner 1939/40 Pärnu verlassen. Mit der Besetzung durch die Rote Armee im Jahr 1940 wurde die Stadt Teil der Sowjetrepublik. Die deutsche Wehrmacht besetzte sie im Juli 1941. Mit dem Vorrücken der Roten Armee im September 1944 und deren Luftangriffe kam es zur fast vollständigen Zerstörung.

Der Wiederaufbau des Kurortes mit der alten Bausubstanz begann nach dem Krieg und nach der Wiedererlangung der Unabhängigkeit Estlands im Jahr 1991.

1996 wurde Pärnu wieder zur „offiziellen Sommerhauptstadt" Estlands. Jedes Jahr zum Beginn der Sommersaison übergibt der Bürgermeister von Tallinn symbolisch die Hauptstadtrechte an den Bürgermeister von Pärnu. Die meisten Touristen sind bis heute Finnen, Schweden und Deutsche.

Auf der Wiese überlebte eine typische Karosserie als Erinnerung an vergangene Zeiten.

BILDER HÖREN
Ill-omened - Alice Joste

Als Ruhestätte für die fast 1.000 Gefallenen beider Weltkriege wurde 1993 ein deutscher Soldatenfriedhof bei Pärnu eingeweiht.

Ein Gräberfeld mit estnischen Kriegstoten aus den Jahren 1919/20 befindet sich ebenfalls in der Nähe.

Ein Kriegerdenkmal aus dem Jahr 2002 mit der Inschrift: »Im Gedenken an alle estnischen Soldaten, die im Zweiten Weltkrieg für die Befreiung ihrer Heimat und für ein freies Europa 1940-1945 gefallen sind.« zeigte einen estnischen Soldaten in der Uniform der Waffen-SS, der seine Waffe gegen Russland erhebt.

Dies führte zu Protesten und ein Vertreter der Stadt erklärte, dass die Stadtverwaltung nicht sehr froh über das Denkmal war, sie es jedoch nicht ablehnten.

Das Denkmal wurde daraufhin abgebaut, aber im August 2004 wieder für kurze Zeit in der Stadt Lihula aufgestellt. Auch hier stand es nur wenige Tage und wurde letztendlich eingelagert.

Auch Pärnu ist wie viele Städte der ehemaligen Sowjetunion von Plattenbauten umbaut und macht daher von Weitem einen platten Eindruck.

ROMANTISCHER KÜSTENSTREIFEN

Das rasante Stadtleben sowie der Stress im Alltag bedingt den Ausgleich durch Stille, Entschleunigung und Romantik, mal wieder durchatmen und innehalten zu können. Suchen wir nicht alle danach?

Dies alles findet man in Estland auf dem romantischen Küstenstreifen im Landkreis Pärnumaa, der sich entlang der Sandstrände von Ikla bis zu den Wacholderbüschen von Virtsu erstreckt.

Auf den Inseln Kihnu und Manija sowie in den Wald- und Moorgebieten im Landesinneren ist diese Idylle auch zu genießen. Also perfekt, um auf einer einzigartigen Fahrt ruhige Küstendörfer, menschenleere Paradiesstrände und das geheimnisvolle Inland zu entdecken.

Viele Felder waren am Wegesrand unserer Fahrradroute im Westen Estlands bereits abgeerntet. Die flache und weite Landschaft gab uns einen einmaligen Eindruck von dem Land.

BILDER HÖREN
Ievads Lielajā Plūsmā - Mārcis Auziņš

Macht man zum ersten Mal Urlaub in dieser Region, fehlt es oft an Orientierung und man benötigt Unterstützung. Die estnische Regierung lässt dafür ein Informationsnetz für den Tourismus ausbauen.

Es werden Einrichtungen der Verpflegung, Unterbringung, Dienstleistung und Kultur in den Regionen zusammengefasst und der Öffentlichkeit zugänglich gemacht.

Der Romantische Weg ist vielfältig und zeigt Naturlandschaften mit unberührten Sümpfen und Mooren, Küstenwiesen mit Zugvögeln, hohe Sanddünen an der Ostsee, Sandstrände und pilzreiche Wälder.

Zahlreiche Wander- und Radwege wurden entlang des Strands angelegt, um die Natur intensiver erleben zu können.

Der Küstenwanderweg Ranniku mit einer Länge von 1.200 km beginnt im Süden Lettlands und verläuft entlang des gesamten Küstengebiets bis zur Nordküste Estlands.

Im westlichen Teil Estlands befinden sich die geheimnisvolle Urfestung Soontagana und das vorzeitliche Dorf Kurese. Nicht weit davon entfernt liegt Nedrema, eine der größten und artenreichsten Laubwiesen Europas.

LIHULA

Lihula Geschichte begann in der Mitte des ersten Jahrtausends nach Christus. Die Burg und das Nonnenkloster waren während des Mittelalters wichtige Machtzentren des Landes.

Es wird vermutet, dass heidnische Esten bereits in der Eisenzeit eine festungsähnliche Anlage bauten.

Christliche Kreuzfahrer errichteten im Anfang des 13. Jh. die erste Burg an einer durch Moore geschützten Stelle und an einer strategisch wichtigen Verbindung, um vom Festland zur Insel Saaremaa zu kommen.

Trotz vieler kriegerischen Auseinandersetzungen entwickelte sich Lihula mit einem Kloster zu einem religiösen Zentrum. Damit einhergehend etablierte sich der Handel und Austausch mit anderen Landesteilen.

Die einmalige Holzarchitektur zeugt noch heute von besseren Zeiten in der Vergangenheit, in denen der Ort einen großen Aufschwung erfahren hatte.

BILDER HÖREN
Mirrors - Alise Joste

Die Alexander-Newski-Kirche ist eine russisch-orthodoxe Kirche inmitten der Stadt. Alexander-Newski-Kathedralen und -Kirchen wurden nach Alexander Jaroslawitsch Newski benannt.

Er war Fürst der Republik Nowgorod und ein russischer Heerführer. 1240 besiegte er die Schweden in der Schlacht an der Newa und 1242 die deutschen Kreuzritter in der Schlacht auf dem Peipussee. Aufgrund der Siege wurde er heilig gesprochen.

Solche orthodoxen Kirchen entstanden um 1890 in der Zeit der zaristischen Russlandpolitik. Von der mehrheitlich nicht orthodoxen Bevölkerung werden sie bis heute als Symbol russischer Fremdherrschaft empfunden.

Nicht selten heißt die anliegende Straße, meist die zentrale Axe der Stadt, Alexanderstraße.

1889 wurde in Lihula die orthodoxe Alexander-Newski-Kirche eingeweiht und bis in die 1960er Jahre von der Gemeinde genutzt. Leider verfiel sie danach immer mehr. Heute gibt sie ein trauriges Bild ab.

Lihula war seit dem 13. Jh. zentraler Sitz eines Nonnenklosters der Zisterzienser. Der Bischof Hermann I. von Buxthoeven ließ es vor allem als Stätte adliger Damen der Provinz betreiben. Zum Kloster gehörten zahlreiche Ländereien in der Umgebung, die seitdem intensiv bewirtschaftet wurden.

Die Klosteranlage wurde kastellartig angelegt und war von einer hohen Ringmauer umgeben. Im Innenhof befanden sich die Gebäude und die Klosterkirche stand im Südflügel des Haupthauses. Ein Kreuzgang existierte nicht.

Heute ist nichts mehr von der Klosteranlage zu sehen. Um 1570 wurde sie wahrscheinlich zerstört und im 17. und 18. Jh. die letzten Ruinen entfernt, sicherlich um das Gestein für andere Bauten in der Stadt oder im Umland zu verwenden. Dies führte in den nächsten Jahrhunderten zunehmend zum Zerfall des Ortes und die Region verlor für Investoren immer mehr an Bedeutung.

Heute wirkt der Ort trotz großem und renoviertem Herrenhaus, das ein Museum über die Stadt und der Region beherbergt, eher verschlafen und auch ein wenig vergessen.Wir nutzten diesen Kurzaufenthalt für ein ausgebieges Frühstück mit Milchkaffee.

ORDENSBURG LEAL

1228 wurde das Bistum Ösel-Wiek gegründet. Zwischen 1238 und 1242 ließen der Bischof und der Livländische Orden eine gemeinsame Burg in Lihula bauen. Um sie herum siedelte sich die Bevölkerung an. Als der Bischof seine Residenz im Jahr 1251 nach Pärnu und 1265 weiter nach Haapsalu verlegte, verlor Lihula an Bedeutung.

Bewaffnete Auseinandersetzungen führten dazu, dass die Burg 1298 stark beschädigt wurde. Danach wurde sie aber wieder aufgebaut. Zwischen 1242 und dem Ende des 15. Jh. nutzte der Orden sie als Hauptquartier. Mitte des 16. Jh. führte dann der Livländische Krieg zur kompletten Zerstörung der Burg. Seitdem dienten die Ruinen als Steinbruch. Nur noch die Grundmauern und Kelleranlagen der Kernburg sowie ein Torbogen der Vorburg können besichtigt werden.

Im frühen 17. Jh. entstand neben der zerstörten Burg ein großer Landsitz des schwedischen Militärs Ake Tott. Das gegenwärtige neoklassische Herrenhaus stammt aus dem frühen 19. Jh.

Kiviküla liegt ca. 10 km von Haapsalu entfernt. Für uns eine willkommene Gelegenheit ein Nachtlager aufzuschlagen.

Der Ort ist klein und überschaubar mit Pensionen und Ferienhäusern. Im Sommer ist er sicherlich ein beliebter Badeort. Im Spätherbst verirrt sich aber kaum noch jemand hierher.

Der Schriftzug an der Scheune lässt darauf schließen, dass der Glaube an die Freiheit von 1968 bis heute jeden Sommer wieder auflebt.

Der Sonnenuntergang war genauso fantastisch wie an den Abenden am Strand. Wir erfrischten uns am kalten Ostseewasser und erwärmten uns am Lagerfeuer bis in die späten Abendstunden.

Da wir bald zurück in der Zivilisation fahren sollten, genossen wir noch einmal die Zeit in der Natur. Estland bietet viele solcher versteckten Orte. Man sollte sich in Ruhe umschauen, um sie ausfindig zu machen.

HAAPSALU

Haapsalu ist ein anerkannter Kurort an der Westküste Estlands. Wie in Pärnu herrscht hier ein mildes Klima. Auf Grund der vielen Wasserläufe ist die Stadt auch als „Venedig der Ostsee" bekannt.

Damals Hapsal genannt, wurde sie um 1265 gegründet und für 300 Jahre zum Zentrum des Bistums Ösel-Wiek.

Die auf einer künstlichen Anhöhe errichtete Bischofsburg ist von einer 800 m langen Mauer umgeben. Die Burgruine ist immer noch beeindruckend und erinnert an diese Zeit.

Die Stadt verlor an Bedeutung als der Bischofssitz wechselte. Erst als der deutschbaltische Arzt Carl Abraham Hunnius zum Anfang des 19. Jh. die heilende Wirkung des Schlamms von Haapsalu entdeckte, endete diese Entwicklung.

Mit der Gründung des ersten Sanatoriums 1825 und dem Bau von Schlammheilstätten wurde die Stadt zum Kurort. Früher schätzte diesen die russische Zarenfamilie Romanow, heute sind es einheimische und ausländische Besucher.

UNGRU MANOR

Der ehemalige Gutshof Ungru (dt. Lindenhof) liegt in der Gemeinde Haapsalu nahe dem Dorf Kiltsi.

In der Folge der Abtrennung vom Hof Wittenfeld wurde er 1523 erstmals erwähnt. Der schwedische König Gustav Adolf II. verschenkte das Gut 1629 an Otto von Ungern-Sternberg. Ein Jahr später wurde hier das erste Gutshaus gebaut und ein ansehnlicher Park angelegt. 1893 konnte das Gutshaus mit seinem viergeschossigen Turm fertiggestellt werden.

Bei einem Besuch auf Schloss Merseburg verliebte sich der Bauherr in die Tochter des Schlossherren. Sie stimmte einer Hochzeit aber erst zu, als dieser ihr versprach, ein identisches Schloss, wie das in Merseburg, in Estland zu errichten.

Die Außenmauern und das Dach ließ er bis 1908 noch bauen. Dann verstarb er plötzlich im Alter von 45 Jahren. Während des Ersten Weltkriegs verfiel der Rohbau und im Zuge der estnischen Landreform 1919 verlor die Familie den Besitz. Nach 1944 verwendete die sowjetischen Armee weite Teile der Anlage als Baumaterial für einen nahegelegenen Militärflugplatz. Heute ist nur noch eine Ruine zu besichtigen.

Der Bahnhof in Haapsalu wurde 1907 erbaut und ist heute ein Baudenkmal sowie ein Museum.

Zur Zeit seiner Entstehung hatte er mit 214 m den längsten überdachten Bahnsteig Europas. Der Bahnhof war der Endhaltepunkt der Bahnstrecke Keila - Haapsalu. Um den Kurort gut erreichen zu können, unterstützte der Zar diese Eisenbahnstrecke.

Obwohl der Tourismus nach der Unabhängigkeit Estlands 1991 weiter wuchs, wurde die Eisenbahnlinie nach Haapsula nicht mehr gefördert. 1995 wurde sie unter Protesten der Bevölkerung geschlossen und 2004 demontiert. Erst 2017 entschloss sich die Regierung, den ersten Bahnabschnitt Riisipere - Turba in Richtung Haapsalu erneut zu finanzieren. Heute stehen historische Lokomotiven und Waggons auf den alten Gleisen.

Ein Eisenbahnmuseum ist ebenfalls im Bahnhof untergebracht.
Auf der ehemaligen Bahntrasse Haapsalu - Riisipere ließ die EU einen 50 km langen Radweg anlegen, um den Radtourismus im Norden Estlands zu fördern.
Weiter nach Tallinn kann man mit der Bahn oder entspannt mit dem Fahrrad fahren.

TALLINN

Tallinn ist Estlands Hauptstadt und mit ca. 450.000 Einwohnern die größte Stadt des Landes. Sie liegt am Finnischen Meerbusen und ist das wirtschaftliche und kulturelle Zentrum.

Die Stadt wurde im frühen Mittelalter gegründet und hieß bis 1918 amtlich Reval. Weitere ähnliche Namen gab es in russischer, dänischer und schwedischer Sprache. Revals Ursprung waren eine hölzerne Burg auf dem heutigen Domberg, ein Handelsplatz und Anlegestellen des heutigen Hafens aus dem 11. Jh.

Tallinn ist eine spannende Mischung aus alter und neuer Geschichte. Es gibt kurze Wege und viele Parkanlagen und man ist gut zu Fuß oder mit dem Rad unterwegs. Urlaub bedeutet hier, modernes Leben, vielfältiges Nachtleben und luxuriöse Abenteuer mit der Kulturszene und der historischen Umgebung zu kombinieren.

Die finnische Metropole Helsinki erreicht man mit der Fähre in nur 80 km.

Die meisten Gäste kommen mit dem Flugzeug, Zug, Auto oder der Fähre über Tallinn nach Estland. In nur 15 Minuten ist man im Stadtzentrum und kann sich ins Geschehen stürzen.

Tallinns Altstadt gehört mit zu den am besten erhaltenen Stadtzentren der Hansezeit weltweit. Architektonisch muss sie sich nicht verstecken und steht Riga in nichts nach.

Durch die Restaurierung der Altstadt in den 90er Jahren, wurde die Stadt zu einer wahren Perle des Baltikums. In unmittelbarer Nähe liegt das Geschäftszentrum mit moderner Architektur.

Zahlreiche Promenaden und Sandstrände befinden sich an der Küste Tallinns. Das macht die Hauptstadt sicherlich nicht nur im Sommer attraktiv.

Von dem Domberg hat man das ganze Jahr über einen herrlichen Ausblick auf die malerische Silhouette der Stadt. Teilen Sie sich die Zeit gut ein, denn es gibt viel zu bestaunen und zu erleben.

50 m über dem Meeresspiegel befindet sich die Oberstadt „Toompea" (dt. Domberg). Sie symbolisierte jahrhundertelang die Macht von Tallinn. Hoch hinaus ragt der 48 m hohe Turm „Pikk Hermann" (dt. Langer Herrmann). Im Mittelalter war das wirtschaftliche Zentrum hingegen die Unterstadt „All-linn". Aus beiden Stadtteilen formte sich die heutige Innenstadt „Vanalinn" Um den Domberg zu erwandern, ist es ratsam, das Fahrrad unten abzustellen.

Einen ebenfalls großartigen Ausblick auf die Altstadt bietet die Kirche „St. Olai" (St. Olav) in der nördlichen Oberstadt. Sie wurde nach dem norwegischen König OlavII. Haraldsson
benannt, bekannt als der Beschützer der Seefahrer. Der Kirchturm diente als Signal für sie. Damals behauptete man, er sei mit 159 m der höchste der Welt. Neue Schätzungen ergaben, dass die tatsächliche Höhe des 1549 erbauten Turms bei 120 m lag, ähnlich dem heutigen Turm.

Gegenüber dem Schloss steht die mächtige russisch-orthodoxe „Alexander-Newski-Kathedrale" zentral auf dem Lossi plats (dt. Schlossplatz) als Symbol des religiösen Einflusses Russlands.

Neben ihr befinden sich das estnische Parlament und die Residenz des deutschen Botschafters.

HEIMREISE

Tallinn ist sehr fahrradfreundlich. Hier kreuzen sich die Radfernwege der EuroVelo-Routen EV10 (Ostseeküsten), EV11 (Nord-Süd) und EV13 (Iron Curtain). Mit einer der Fähren aus dem Old City Harbor Tallinna ist man in 3,5 Stunden schnell nach Helsinki übergesetzt. Längere Kreuzfahrten auf der Ostsee bieten Reedereien an, für Estland ein wirtschaftlicher Faktor.

Am Ende unserer Fahrradreise lohnte es sich für uns, einen Abstecher nach Helsinki zu machen. Um näher auf die kulturellen, architektonischen und geschichtlichen Unterschiede im Vergleich zu den Baltischen Staaten eingehen zu können, müssen wir uns auf eine nächste Fahrradreise von Tallinn über St. Petersburg nach Helsinki begeben.

Mit einer Fähre kreuzten wir die Ostsee von Helsinki nach Travemünde. Die Überfahrt bot gutes Essen und hatte eine Sauna mit Whirlpool an Board. Aber aufgepasst - der Abfahrtterminal liegt nicht direkt im Stadtzentrum von Helsinki, sondern ca. 20 km östlich der Stadt. Also rein in die Pedalen, bevor es heißt: Ahoi Helsinki … und bis bald!

Alise Joste

Diskografie:

"Šākātā" - 2020
"Hardships are Ships" - 2015
"Alise Joste" - 2011

Alise Joste ist eine Sängerin und Songwriterin aus Lettland. Sie begann ihre musikalische Karriere mit 20 Jahren und hat bisher drei Alben veröffentlicht.

Alise ist bekannt für ihre gefühlvolle und verträumte akustische Musik. Ihre einzigartige Stimme spiegelt sich im Einklang ihrer Lieder, die hauptsächlich von Liebe, Selbstreflexion und persönlichen Erfahrungen handeln.

Ihre Musik findet große Zustimmung bei Kritikern und Fans aus Lettland sowie auf internationalen Bühnen.

Bandcamp - https://alisejoste.bandcamp.com/album/k-t
Facebook - https://facebook.com/alisejoste
YouTube - https://youtube.com/channel/UCMsPIPhIwbmzNWRxNIXCBPA

Spotify Account - Alise Joste
https://open.spotify.com/intl-de/artist/6wUXET4pq4JO8a2j3QsUSs

Mari Jürjens

Diskografie:

"Omaenese ilus ja veas" - 2020
"27" - 2019
"Maa saab taevani" - 2013
"22" - 2010

Mari Jürjens, geborene Mari Pokinen, ist eine Schauspielerin, Sängerin und Songwriterin aus Estland. Bisher hat sie vier Alben veröffentlicht.

Mari singt über ihr Leben und ihre Gefühle. Dabei versucht sie Gedanken und Themen aus verschiedenen Epochen ihres Lebens musikalisch einfließen zu lassen.

In ihrem vierten Album "Omaenese ilus ja veas" geht es darum, Menschen zu verstehen: Warum die Menschen so sind, wie sie sind und wie man sich damit abfinden kann, nicht immer perfekt und gut zu sein. Und wie können wir uns gegenseitig mehr unterstützen? Letztendlich brauchen wir alle Liebe und Freunde.

Facebook: https://facebook.com/marijurjens
Soundcloud: https://soundcloud.com/mari-jurjens

Spotify Account - Mari Jürjens
https://open.spotify.com/intl-de/artist/0Lu67wIRXiogdq3vslX2Fz

Mārcis Auziņš

Diskografie:

„Citādi Citāti" - 2023
"Lielā Plūsma" – 2021
"Azrautība" – 2018
"Viens" – 2016

Mārcis Auziņš ist ein lettischer Gitarrist, Komponist, Arrangeur und Bandleader.

Seine musikalische Karriere begann er am Klavier und machte einen Abschluss an der Madona Children's Music School. Mārcis wechselte aber zur Gitarre und lernte Rockmusik. An der Rigaer Cathedral Choir School absolviert er als Musikmanager und in Modern Rhythmic Music, der Jazzmusik. 2005 gewann er den 2. Preis beim baltischen Jazzgitarristen-Wettbewerb "SONY JAZZ STAGE 2005".
Im Jahr 2014 machte er seinen Bachelor in Jazzguitarre an der Jazeps Vitols Latvian Academy of Music.
Zwei Jahre später veröffentlichte Mārcis sein erstes Soloalbum "Viens", das für die lettische Musikaufnahme des Jahres in der Kategorie Instrumental- und genreübergreifende Musik nominiert wurde. Im selben Jahr spielte er dieses Album in 2 Akten mit selbst komponierten und weltbekannten Kompositionen für Gitarrenarrangements auf mehr als 35 Solo-Konzerten.
Im Jahr 2018 komponierte er Musik für das Theaterdrama "Vidzmenieki" und das Multimediaspiel "Kveldiegs". Es folgte das zweite Album "Azrautība".
2019 wurde er Musikproduzent für die lettische Fernsehshow "Music Bank" und komponierte für das lettische Nationaltheaterstück "Nanny" 2020/2021. Im selben Jahr brachte er auch sein drittes Solo Album "Lielā Plūsma" (The Big Flow) heraus.

Web - https://marcisauzins.com
Facebook - https://facebook.com/marcisauzinsmusic
YouTube - https://youtube.com/@AuzinsMarcis

Spotify Account - Mārcis Auziņš
https://open.spotify.com/intl-de/artist/3iASB9aZtPtYwsRQFGvMvR

Gunnar Lentz

Ich bin Gunnar Lentz, der Autor und Fotograf dieses Buches. 1977 in Rostock geboren und aufgewachsen, zog es mich zum Studieren nach Frankreich. In Paris habe ich 2006 meinen Bachelor-Abschluss in Marketing/Management gemacht. Für einen großen Auslandsaufenthalt ging ich danach für 2 Jahre nach Cuzco-Peru.

Von 2008 bis 2015 arbeitete ich in Frankreich im Marketingbereich und als Reiseleiter. Um meine Leidenschaft für die Fotografie zu vertiefen, absolvierte ich ab 2015 eine zweijährige Ausbildung zum Fotografen. Seit 2020 lebe ich wieder fest in Peru und arbeite als Foto-, Trek-

king- und Yogareiseleiter. Im Frühjahr 2025 werde ich meine eigene Mountainlodge in den Bergen von Maras eröffnen. Wenn sie in Peru sind oder sich dort für eine Reise interessieren, können Sie mich jederzeit kontaktieren oder schauen einfach vorbei.

https://peru-cusco-trekking-guide.com

https://creawes-photos.com

Leopold Lamberz

Ich bin Leopold Lamberz, Co-Autor und Musikproduzent dieses Buches. 1977 in Rostock geboren und im Umland aufgewachsen. Frühzeitig wurde meine Leidenschaft für die Musik geweckt, die ich seit meiner Jugend in verschiedenen Bandprojekten ausleben konnte. Nach zwei Jahren in der Medienwelt entschied ich mich für das Studium der Theater- und Veranstaltungstechnik in Berlin, das ich 2005 erfolgreich als Dipl.-Ing. abschloss. Seitdem arbeite ich im Projekt- und Personalmanagement für Veranstaltungen. Parallel spielte ich in Bands und produziere Musik. 2011 gründete ich mit Partnern AudioAhead, um Musik und Post-Production Services für Film- und Medienprojekte anzubieten.

https://audioahead.de

https://createshare.org

Fortsetzung folgt schon bald

Verlag: BoD • Books on Demand GmbH, In de Tarpen 42, 22848 Norderstedt
Druck: Libri Plureos GmbH, Friedensallee 273, 22763 Hamburg
ISBN: 978-3-7597-2998-9